부산에서 부활한
조선통신사

부산에서 부활한
조선통신사

강남주 지음

차례

- 저자의 말 6
- 책을 펴내며 9
- 축사 12

1부

조선통신사 400년 만에 부활하다

뜻밖에도 외국에서 만난 조선통신사	22
쓰시마에서 처음 본 조선통신사 행렬재현	31
조선통신사에 새롭게 눈뜨다	41
불씨를 살려낸 2002년 한일 공동 월드컵 축구대회	49
조선통신사 행렬재현 위원회 설치로 정례화	63
정중하면서 화려했던 본격적인 행렬 재현	72
국제도시 부산항이 조선통신사 행사로 들썩	81
일본 행사 실행을 위해 두 도시를 방문하다	90
요란한 취타대를 선두로 통신 3사 일본을 누비다	100
조선통신사들 숨결 여기저기에 배이다	107
경계인 60년의 할머니들에게 고국 방문의 길 열어주다	112

2부

조선통신사 여정 따라 동경으로 향하다

해신제 끝내고 일본에 이르면 환영 인파가 길을 가득 메우고	122
호수 같은 바다 지나 산도 돌고 강도 건너	131
오사카의 가장 큰 절이 사행원들의 숙소가 되고	139
지식에 반하고 묵향에 취하고	146
다시 에도를 향한 긴 행렬 이어지다	154
기록유산의 보고인 세이켄지에 들르다	159
드디어 도쿄 복판에서 영(令)기 휘날린 행렬	173

3부

조선통신사 세계무대에 서다

연구실적 없는데도 조선통신사 학회장 되다	188
현창회 탄생 산파와 사업회의 일몰, 재생	197
부산문화재단 출범과 다양한 활동들	202
조직 통합과 세계의 중심 미국 진출	213
뉴욕 중심가는 인산인해 CBS는 현장 방송중계도	222
고전무용과 B-Boy가 다이내믹 부산 과시	229

4부

조선통신사 세계유산으로 인정받다

동아줄 같았던 인연에 묶여 끝지 못했던 조선통신사 사업	238
공동등재를 위해 거듭된 합동회의	247
등재 대상 확정작업 서로 이견도 드러나	254
세계적 문화유산 등극 위해 드디어 유네스코에 등재 신청	263
파리 한복판에 펼쳐진 조선통신사 인형 행렬	269
단잠을 깨운 심야의 전화벨 소리	276
활발했던 한일교류행사에 등장한 장애물	283
등재 추진 관계자들만의 축하 행사 참가를 끝으로	289

저자의 말

　역사에 대한 기술은 실체적 진실에 충실하지 않은 경우도 있다. 조선통신사 활동의 역사적 무게, 그 의미 가치의 평가가 그랬던 것 같다. 그 저변에는 굴곡된 역사관의 영향도 있었고, 짐직건내 연구의 미진함도 없지는 않았을 것 같다.

　그러나 조선통신사는 한국 근세사의 의미 있는 줄기를 이뤘음은 분명하다. 동아시아 질서 체계 유지에 영향을 미쳤고, 조선과 일본의 평화유지에 기여했다는 외교사적 평가는 물론, 한일 간 문화교류에서도 그 발자국이 현저했음에는 이론의 여지가 없다. 성신교린(誠信交隣) 정신이 오늘도 외교의 지표가 되고 있음은 그래서이다.

　그런 조선통신사가 부산에서 화려하게 부활했다. 그러기 위해서는 400년이 필요했다.

　2002년 여름, 한일 공동 주최 월드컵 축구대회 축하행사가

강남주
姜南周

400년의 세월을 압축하며 조선통신사 행렬재현이라는 이름으로 부산에서 개최되었다. 이 작은 행사가 조선통신사 부활의 기폭제가 됐다. 비록 그 출발은 미미했으나 성과는 눈부셨고 조선통신사 바로 알기의 텃밭이 되었다. 그 현장에는 우연하게도 내가 서 있었다. 행운이었다.

사람은 이야기하고 그 흔적을 남기며 살아가는 존재다. 인간이 역사 그 자체인 '호모 히스토리쿠스(Homo Historicus)'라는 말이 이를 증거한다. 조선시대의 통신사 활동을 재현했던 지난 20년간의 기억을, 나로서는 이제 기록으로 남기고 싶다는 욕망을 갖는다.

그러나 장소는 기억에 점착성을 갖지만 시간은 휘발성을 갖는다. 지난 20년 동안 상당 부분 기록에는 없었던 나의 체험들을 기억을 더듬으며 재생시켜 보았다. 시간의 순차적 기술은 오차가 있을 수 있으나, 행위가 전개된 장소와 전개되었던 내용(Fact)은 크게 다르지 않을 것이다. 그런데도 불구하고 이처럼 기록으로 조선통신사 부활의 과정을 남기고자 하는 이유는, 그나마 자투리 기억마저 시간 속에서 휘발해버릴 것 같아서였다.

어설픈 그런 기억의 편린들을 정리해 봤다. 조선통신사 부활의 알려지지 않았던 내용들을 스토리로 개발, 정리해 본 이 글들을 조선통신사 부활의 역사 속에 자리를 만들고 틈을 내어 부산문화재단이 출판해 주기로 했다. 고맙다.

| 책을 펴내며 | ## 부산에서 부활한 "조선통신사" 20년 여정의 소중한 기록 |

부산문화재단 대표이사 **이미연**

　무엇보다, 조선통신사 문화사업회 집행위원장, 조선통신사 학회 초대 학회장, 유네스코 세계기록유산 등재 한국 측 학술위원회 위원장을 역임하신 저자 강남주 부산문화재단 초대 대표님의 "조선통신사"의 정신과 가치를 널리 알리기 위한 헌신적 노력과 열의에 깊은 존경과 경의를 표합니다.

　이 책에는 1994년 8월 6일 저자께서 쓰시마를 방문해서 처음으로 조선통신사 행렬을 보게 되고 그 충격과 감격을 잊지 않고 2002년 조선통신사 행렬재현 위원회를 발족하고 사업을 확장해나가는 과정, 2004년 8월 쓰시마를 시작으로 시모노세키, 동경, 이후 뉴욕에서 국격을 드높이는 행렬재현 행사를 추진한 이야기들이 구수한 옛이야기를 풀어내듯 다채롭게 펼쳐집니다. 특히 조선통신사 학회를 창립하고 한일의 연구자들이 성과를 축적하면서 매년 조선통신사 학술대회, 학회지 발간을 지금까지 한 해도 거르지 않고 진행하고 있다는 것, 이후 한일 양국이 유네스코 세계기록유산으로 조선통신사 기록물을 등재하기 위해 기록유산 등재 추진위원회가 만들어지고 부산문화재단과 학회가 중심이 되어 2017년 10월 31일 세계기록유산 등재라는 쾌거를 만들어내는 과정은 한 편의 드라마를 보는 듯 지금도 그 감동이 느껴집니다.

조선통신사 한일문화교류 사업이 시작된 지 올해로 20년이 되었습니다. 2002년 여름, 한일 공동 주최 월드컵 축하행사로 기획되어 400년의 시공간을 넘어 부산에서 처음으로 복원된 조선통신사 행렬은 이후 코로나19로 모든 것이 단절되었던 지난 3년을 제외하고 매년 2,000명이 넘는 부산-일본의 시민, 예술인이 참여하는 성대한 축제로 사랑받아 왔습니다. 쓰시마 이즈하라항 아리랑 축제를 시작으로 시모노세키, 시즈오카, 카와고에, 세토우치 등 일본의 연고 도시에서 펼쳐지는 한일 공동 조선통신사 행렬 및 교류 사업은 한일관계의 어려움 속에서도 민간에서 성신교린의 정신을 이어가는 소중한 가교가 되어왔습니다. 부산시와 부산문화재단은 그동안 각고의 노력으로 사업을 펼쳐오면서 한일문화포럼상, 세종문화상 수상의 영광을 안았으며 세계기록유산으로 등재된 조선통신사 기록물의 디지털 아카이브를 조성 중입니다.

이 책을 통해 얼마나 많은 분들이 평화외교사절 조선통신사의 가치와 정신을 되새기고 확산하기 위해 노력해왔는지를 알 수 있습니다. 예나 지금이나 조선통신사를 이끈 것은 의지를 지니고 나아간 사람들의 힘입니다. 저자께서는 없는 길을 걸어오셨고 늘 길을 만들며 나아가셨습니다. 기록을 통해 현재도 후진들에게 소중한 역사의 길을 열어주고 계십니다. 건강하게 오래 우리 곁에 함께 해주시기를 바랄 뿐입니다.

책 발간을 계기로 조선통신사 사업과 한일문화교류, 유네스코 세계기록유산으로 등재된 기록물에 대한 변함없는 관심과 지지를 부탁드리며, 오랫동안 보내주신 성원에 머리 숙여 깊이 감사드립니다.

축사

발행에 즈음하여
운명적 사람과의 만남과 인생

조선통신사연지연락협의회 이사장 **마츠바라 가즈유키**

강남주 선생님! 출판을 진심으로 축하드립니다.

올봄이 지날 즈음 전화 통화에서 "지금 책을 내려고 집필 중인데 10월경에는 출판이 될 것 같아요. 마츠바라 씨의 이름이 많이 나오네요!"라고 하셔서, 제가 "기대되네요. 8월 쓰시마 이즈하라항 축제는 코로나 상황으로 오시기 힘들겠지만, 10월 조선통신사연지연락협의회 쓰시마 교류대회에는 꼭 오셨으면 합니다"라고 부탁하며, 그때까지 책이 완성되면 좋겠다고 기대하고 있었다. 얼마 전 부산문화재단에서 출판 축사 의뢰가 왔을 때 2가지를 대답한 바 있다.

올해는 유네스코 등재 5주년이며, 또한 무엇보다 2002년 강남주 선생님이 주도한 조선통신사 행렬재현 위원회(2003년 조선통신사 문화사업 추진위원회를 거쳐 2005년 조선통신사 문화사업회로 변경, 이후 2010년 부산문화재단과 업무 통합) 발족부터 꼭 20년이 되는 기념할 만한 해이다. 그런 면에서 이번 강 선생님의 출판은 참으로 시의적절한 경사이다.

생각해보면, 강 선생님에 있어 지난 20년은 바로 조선통신사를 향한 인생이었다고 생각한다. 분명 감개무량한 마음으로 지금까지를 되돌아보며 집필해 오셨을 것이다.

나와의 인연도 벌써 30년 가까이 된다. 내가 한글을 배우고 있던 부산 출신 후쿠오카 대학 유학생의 소개로 만났다. 그때 강 선생님도 부산에서 파견돼 후쿠오카 대학교의 연구원으로 지내고 있었다. 참으로 행운이었다. 바로 운명적인 만남이다.

처음 만났을 때 갑자기 조선통신사 관련 활동에 관심 가져주길 부탁했다.

지금 생각하면 이때 우리 두 사람의 만남이야말로 지금까지 한일 양국 조선통신사 교류사업의 기점이었다고 해도 과언이 아니다.

그로부터 몇 년 후, 친분을 쌓고 쓰시마와의 교류도 깊어질 무렵에 강 선생님께서 드디어 조선통신사 문화사업회를 발족하였다. 그 과정에 많은 고생을 했다는 것을 나는 잘 알고 있다.

그 무렵만 해도 한국에서 아직 조선통신사는 부(負)의 유산으로만 여겨졌던 부분이 있었지만 강 선생님은 끈질기게 추진해 오셨다.

　이후에도 일본 조선통신사 연고지와의 교류사업에 적극적으로 나서 부산에서 조선통신사 일행이 일본을 방문하여, 일본 각지에서 조선통신사 행렬이 재현되었다.

　한일 양국 사이에 가로놓인 해협을 넘어 겨우 손을 잡을 수 있었던 순간이었다. 바로 현대판 조선통신사의 부활이다. 또 매년 5월 초 부산에서 개최되는 조선통신사 축제(일본에서 다수 참가)등이 부산을 대표하는 행사로 성장해온 것도 강 선생님의 노고에 힘입은 바 크다. 물론 부산광역시의 전폭적인 지원이 있어 가능했던 일이지만.

　강 선생님의 식견은 말할 것도 없지만, 탁월한 지도력이나 기획력, 정치력 없이는 여기까지 오기 어려웠을 것으로 생각한다. 이런 오랜 노력이나 강 선생님과의 만남이 없었다면 유네스코 세계기록유산 한일 공동등재라는 위업은 이루지 못했을지도 모른다.

　나는 아직 강 선생님 책 내용을 모른다. 하지만 대략적인 부분에 대해서는 알 것 같다. 그것은 지난 30년 가까이 형제처럼 지내온 나의 소중한 형님이기 때문이다. 특히 조선통신사와 관련된 일은 내 인생과도 겹치는 부분이 크다. 사실 나도 이 유네스코 등재 5주년을 맞아 쓴 '졸저'가 있다.

　『조선통신사 유네스코로 가는 길』이다. 독단과 편견으로 가득 찬 수기 기록이라 부끄럽지만, 강 선생님 책과는 비교할 수 없을 것이다. 하지만 한일의 입장 차이가 있어도 걸어온 길은 하나였고, 같은 목표를 향해 추진해 왔다. 그 생각 또한 하나이다.

  서로 해협을 넘어 손잡고 함께 나아가 유네스코 등재를 성사시킨 것은 우리 두 사람의 만남으로부터의 흔들림 없는 우정과 오랜 노력이 결실을 본 것이라고 확신하며, 강 선생님 또한 같은 마음이라고 믿고 있다. 빨리 선생님의 책을 읽고 싶다.

  강 선생님, 서로의 책을 교환해 읽고 다시 이야기했으면 합니다.
  아무쪼록 앞으로도 건강에 유의하시고 언제까지나 저희를 지켜봐 주시길 진심으로 기원합니다. 5년 전 유네스코 등재 때의 마음을 적어봅니다.
  '성신 마음의 여정, 아득히 함께 나아가 평화로 가는 길'
  마지막으로 이번 발행에 도움을 주신 부산문화재단에 감사의 말씀을 드리며 마무리하고 싶습니다.

축사

역사는 언제나
새롭게 해석되고 평가되어야
살아있는 역사가 된다

전 부산문화재단 대표 **남송우**

『부산에서 부활한 조선통신사』는 묻혀진 역사적 사실이 어떻게 되살아나게 되었는지를 생생하게 들려주는 살아있는 증언서이다. 이 책은 국내에서 역사 속에 묻혀진 조선통신사에 대한 인식이 거의 없었을 때, 저자가 일본에 연구차 머물면서 마츠바라 사장을 만나 조선통신사를 새롭게 인식하게 되고, 대마도에서 펼쳐지고 있던 조선통신사 행렬에 공감하게 되고 난 이후부터 시작된 조선통신사에 대한 연구와 관심이 20여 년 동안 어떻게 펼쳐져 왔는지, 그리고 궁극적으로 한일 공동으로 조선통신사 기록유산을 유네스코 세계기록유산으로까지 어떻게 등재하게 되었는지에 대한 세세하면서도 흥미진진한 과정들이 한 편의 드라마처럼 구성되어 있다.

저자는 연구년으로 일본에 머무는 1년 동안 조선통신사에 눈을 뜨게 된 것이 계기가 되어 귀국해서 바다축제 행사 중에 광안리 해수욕장 바닷가에서 2001년 8월 1일 조선통신사 행렬재현을 곁들임으로써 조선통신사 행렬재현이 부산에서 첫발을 내딛게 되었음을 밝히고 있다. 이후 2002년 3월 '조선통신사 행렬재현 위원회'가 발족되고 저자가 집행위원장을 맡게 되면서 국내의 조선통신사 역사는 새롭게 모습을 드러내는 역사를 시작하게 된다. 이후 대마도 아리랑 축제의 조선통신사 행렬재현에 한국 측 행사 참여자들이 함께하게 됨으로써 조선통신사를 통한 한일 간의 민간교류의 끈은 새롭게 이어지게 되고, 부산뿐만 아니라 일본의 시모노세키, 후쿠오카, 에도, 동경 등 일본 전 지역으로 조선통신사를 통한 한일 간의 새로운 역사 교류가 어떻게 전개되어 왔는지를 상세하게 정리해 두고 있다. 이런 산 기록을 생생하게 남길 수 있다는 것은 조선통신사에 대한 저자의 특별한 애정의 결과이다.

특히 조선통신사 교류 행사의 규모가 확대되면서, 필요했던 예산의 확보 과정과 제대로 된 사무공간도 없이 소수의 인원으로 시작할 수밖에 없었던 숱한 얘기들은 과거의 조선통신사의 새로운 해석을 통한 신조선통신사를 이 시대에 현재화하는 일이 얼마나 지난한 것인가를 실감나게 한다.

또한 2003년 3월 7일에는 조선통신사 행렬재현 위원회의 명칭이 '조선통신사 문화사업 추진위원회'로 바뀌게 되었고, 2005년에는 서울에서 열린 3사 임명식을 통해 조선통신사에 대한 인식을 전국적으로 확산시켜나가는 계기를 마련하기도 했음을 알려주고 있다. 그러나 저자의 관심은 단순한 문화행사만으로는 조선통신사의 역사적 해석이 온전해질 수 없다는 사실에 착안하여 조선통신사 학회를 창립하고 『조선통신사 연구』 창간호를 2005년 12월 30일에 발간했던 사실을 강조하고 있다. 사실에 대한 제대로 된 연구 없는 역사의 재해석은 역사의 생명성을 온전히 이어나가기가 힘들다는 점에서 저자의 이러한 혜안은 조선통신사의 현재적 의미를 정착시키는 데 토대를 이룬 것은 두말할 필요가 없다.

그리고 2010년 4월 사단법인 조선통신사 문화사업회의 업무가 부산문화재단에 흡수 통합된 사실과 세계의 중심이라는 뉴욕에서의 조선통신사 행렬재현의 과정에 대한 소상한 기록들은 단순한 기록 이상의 의미를 지니는 부분들이다.

그런데 역시 이 책의 고갱이는 한일 공동으로 조선통신사 기록유산을 세계기록유산으로 유네스코에 등재하는 과정에 대한 기록이다. 저자가 공동등재를 위한 한국 측 학술추진 위원장을 맡아서 추진해오는 과정 속에서 겪었던 어려운 순간들과 그 의미들이 소설 속의 극적인 장면처럼 세세하고 구체적으로 전달되어온다. 등재 과정 준비 중에 빚어졌던 한일 양측의 갈등을 어떻게 해결해 나갔는지에 대한 소상한 얘기들을 읽게 되면 한일 공동등재라는 작업이 얼마나 힘든 과정인지를 새삼 깨닫게 되기 때문이다. 등재에 필요한 서류와 자료들을 신청하고 난 이후, 결과를 기다리는 시간들 속의 마음

졸임과 밤 늦은 시간에 들려온 등재 소식에 잠 못 이루었다는 저자의 소회는 누구나 쉽게 경험하기 힘든 극적인 장면으로 기록되고 있다.

    20여 년 동안 한결같이 조선통신사의 전도사가 되어 살아온 저자의 개인사를 바탕으로, 이를 또 하나의 새로운 공적인 역사로 승화시킨 노고에 대해 박수를 보낸다. 그리고 저자의 기대와 희망처럼 세계기록유산이 된 조선통신사 기록유산들이 많은 시민들의 가슴에 자랑스런 문화의 향기로 확산되어 나가길 함께 기대해본다. 이것이 『부산에서 부활한 조선통신사』의 기록을 남기는 저자의 남다른 꿈이기 때문이다.

1부
조선통신사

❖

마츠바라 사장은 일본 사람인데도
어째서 조선통신사에 대해서 그렇게 열심이었을까. 궁금했다.
그런 궁금증을 최초로 나에게 던져주었던 사람이기에
그는 나에게 조선통신사에 눈을 뜨게 한
최초의 사람이 되었다.

400년 만에 부활하다

유네스코 세계기록유산
인조14년통신사입강호성도 仁祖十四年通信使入江戶城圖 | 1636
작자 미상 | 국립중앙박물관 소장

뜻밖에도 외국에서 만난 조선통신사

　1994년 초봄이었다. 그때 나는 방문교수 자격으로 일본 후쿠오카대학 국제교류센터 숙소에 머물고 있었다. 평일이면 빠짐없이 시내버스를 타고 숙소와 떨어져 있는 대학으로 갔다. 마침 정년퇴직한 교수의 연구실이 비어 그 연구실을 쓰며 쓰시마 문화조사 계획도 짜고 도서관도 이용했다.

　그러나 일요일의 대학 인문학부는 적막강산. 편의시설도 모두 문을 닫아 점심도 학교 밖으로 나가서 해결해야 했다. 그렇다고 학교에 가지 않고 국제교류센터에서 종일 빈방을 지키는 일도 따분했다. 그럴 때는 일본 텔레비전 방송을 열심히 봤다. 일본어 듣기 연습, 말하기 연습을 익히기 위해서였다. 때로는 일본 노래 엔카를 따라 부르면서 일본어 표현을 익히기도 했다.

그럴 무렵이었다. 5월 초쯤이었던가? 이 대학 상학부 대학원생인 고재훈 군이 연구실로 찾아왔다. 나와는 호형호제하던 부산관광협회 고광철 회장님의 차남이다. 첫 만남이었지만 그는 서글서글한 풍모에 하는 말도 시원시원했다. 그의 형은 내가 있는 대학의 제자이기도 해서 나 역시 그를 대하는 데 거리낌이 없었다.

그는 그 뒤에도 내가 머무르고 있는 연구실에 가끔씩 들렀다. 서툰 나의 일본 생활에 조언도 하고, 때로는 시내 여기저기를 안내도 해줬다.

"저는 요즘 해운회사 사장님 한 분에게 한국어를 가르치고 있습니다. 그분이 교수님께 인사도 드릴 겸 저녁 식사에 초대하고 싶다고 하십니다."

불감청고소원이다. 그런 일이 있고 난 며칠 뒤 그 일본인 사장을 만나게 된 곳은 시내 '나카츠 카와바타'라는 곳에 있는 조용한 요정이었다.

"만나서 반갑습니다. 고재훈 선생으로부터 선생님에 대한 말씀 많이 들었습니다."

대주해운주식회사 마츠바라 가즈유키(松原一征) 사장과의 첫 만남이었다. 일본어가 서툰 나는 고 군의 도움을 받으며 그와 이야기를 나누기 시작했다. 시원한 일본 술을 조금 마시자 기분도 좋아졌고 용기도 생겼다. 그때부터는 되지도 않는 일본어로 그와 열심히 이야기를 주고받았다. 그 역시 한국문학과 한국문화가 전공인 나에게 처음부터 상당히 호의적이었다.

이야기가 한창 무르익었을 때였다. 그는 대뜸,

"강 선생, 나는 요즘 일본 전국을 하나로 맺는 조선통신사 연고지협회를 만들려고 하고 있습니다. 그게 꿈입니다."

"조선통신사?"

그 말을 듣는 순간 나는 약간 어리둥절했다. 중학교 역사 시간에 조선통신사의 이야기를 듣기는 했지만 별로 아는 것이 없어서였다. 그도 그럴 것이, 오래된 일이어서 그렇기도 하겠지만 역사교과서에 조선통신사는 두어 줄밖에 없었던 것 같았다. 그것도 마치 조선을 침략하지 말아달라고 부탁하는 사절이 조선통신사 같았다는 왜곡된 내용의 희미한 기억뿐이었다.

"요즘 같은 한국과 일본의 갈등을 해소할 수 있는 길은 조선통신사 정신을 이해하는 길이라고 생각합니다. 아메노모리 호슈(雨森芳洲) 선생의 정신을 이어가는 길이기도 하고요."

뜬금없는 말이었다. 도무지 그가 왜 그런 말을 나에게 하는지 알 수가 없었다. 그리고 나는 조선통신사에 대해서 일본 사람보다 뭘 잘 모르고 있다는 것이 수치스럽기도 했다.

"죄송합니다. 저는 조선통신사에 대해서 아는 바가 별로 없습니다. 전공이 한국문학, 한국문화 분야여서요."

그도 비로소 조선통신사를 잘 모르는 나에게 이야기가 너무 나갔다고 느꼈는지 조선통신사나 아메노모리 호슈에 관한 이야기는 톤을 낮췄다. 아메노모리 호슈도 나에게는 생소한 이름이었다.

"일본과 한국이 서로 평화롭고 사이좋게 사는 길이 조선통신사의 부활에 있는 것 같아서 여쭤본 것입니다."

내가 조선통신사에 낯설어하자 자연스럽게 화제는 바뀌었다.

배워보니 생각했던 것보다 한국말이 훨씬 어렵다는 것, 후쿠오카와 쓰시마로 화물을 나르는 것이 자신이 경영하는 해운회사의 주된 업무라는 것, 언젠가 기회가 되면 자기 회사 선박이 한일 간을 운행하며 화물을 운반하고 싶다는 등등으로 이야기는 이어졌다.

두어 시간쯤이나 지났을까. 우리는 자리에서 일어섰다.

"자주 뵙겠습니다. 가까운 이웃이라고는 하지만, 저는 한국을 너무 모르고 살아온 것 같습니다. 선생님에게 한국에 대해 많은 것을 배우고 싶습니다."

그는 정중했고 단정했다. 나도 자주 만나 뵙고 많은 것을 배우겠다고 하면서 그와 헤어졌다.

조선통신사가 일본에 가서 구체적으로 어떤 일을 했을까? 어떤 일을 했기에 일본 사람이 조선통신사 정신을 알아야 한다고 말하는 것일까? 마츠바라 사장이 말한 아메노모리 호슈라는 사람은 도대체 누구인가? 숙소로 돌아오는 차 안에서부터 궁금해지기 시작했다.

　이튿날 당장 도서관에 가서 조선통신사에 대한 자료를 찾았다. 그러나 서툰 나의 검색 실력으로는 찾기가 쉽지 않았다. 쉬운 대로 고등학교 검인정 교과서 『고교일본사』 몇 권을 들고 와서 조선통신사에 관한 항목을 찾아봤다. 책마다 한 페이지 정도의 기록뿐이었다. 그것도 행렬 사진과 함께 에도시대인 1607년부터 1811년 사이 12차례에 걸쳐 일본의 막부 장군이 취임할 때 축하사절로 왔다고 하는 내용이 거의 전부였다.

　과연 그것이 전부일까? 조선통신사가 일본에서 했던 일이 그것뿐은 아닐 것 같았다. 매우 궁금했다. 이튿날 다시 도서관에 가서 사서에게 검색을 부탁했다.

　뜻밖에도 조선통신사에 관한 서적들이 제법 있었다. 그러나 아메노모리 호슈에 관한 책은 없었다. 놀라운 것은 오래전에 펴낸 신기수 선생의 『에도시대의 조선통신사』라는 책도 있었다. 숙소로 들고 와 살펴봤다. 재일교포인 신기수 선생이 쓴 이 책은 선생이 발품을 들여가며 일본에서의 조선통신사 발자취를 샅샅이 훑으며 쓴 것이었다. 일본에서의 행적을 확실히 알게 해주는 예상 밖의 책이었다.

　『대계 조선통신사』에 대한 신간 소개 예고도 있었다. 신기수 선생이 일본 학자 나카오 히로시(仲尾宏) 교수와 함께 펴내는 책이라는 것이다. 일본에서도 조선통신사 연구는 이렇게 깊숙하게 들어가 있었다. 이 책에는 조선통신사 사행 화원이 그린 그림, 사행원들이 쓴 글과 글씨까지도 실려 있다고 소개하고 있었다. 조선통신사 이해에는 아주 좋은 책 같았다. 읽어 봐야겠다고 생각했다.

그러나 그때 나는 그런 책만 들고 있을 수는 없었다. 일본에 머물게 된 목적이 조선통신사 연구가 아니었기 때문이다. 교육부의 연구지원 계획에 따라 후쿠오카에서 쓰시마를 오가며 쓰시마에 남아 있는 우리 문화의 흔적을 찾고 그것이 이 섬에 전달된 과정을 조사하는 일이 내가 일본에 머무르게 된 이유였기 때문이다.

현장조사(Fieldwork) 자체는 크게 걱정하지 않았다. 한국에서 상당 기간 동안 낙도문화 조사를 했고 연구결과 발표를 했던 경험이 있어서였다. 그러나 조사계획을 짜고 조사지역을 선정해서 한 달에 한 두어 번씩 그곳 낯선 쓰시마에 가서 머물러야 하기 때문에 연구목적 외의 다른 서적에 파묻힌다는 것은 옳은 일이 아닌 것 같았다. 또 그럴 시간도 없었다.

그런데도 조선통신사에 맹목(盲目)이었던 나를 마츠바라 사장에게 적나라하게 드러냈던 일을 생각하면 조선통신사를 결코 외면해버릴 수도 없는 노릇이었다. 개략이라도 개념을 가지고 있어야겠다는 생각이 나를 자꾸 흔들었다.

틈이 날 때면 이런저런 조선통신사 관계 책을 조금씩 읽었다. 읽으면 읽을수록 그 내용은 조선통신사에 맹목이었던 나를 부끄럽게 했다.

임진왜란과 정유재란을 겪은 뒤 조선은 황폐할 대로 황폐해졌다. 일본 역시 두 차례에 걸친 조선침략전쟁으로 농촌에는 젊은이가 줄어 농사 일을 하기도 힘들 지경이었다. 거기에다 두 나라 모두 흉년까지 겹쳤다. 일본에서는 도쿠가와 이에야스(德川家康)가 1600년에 일본천하를 통일하는 전투에서 이기기는 했으나 가뭄이 잦았고 역병도 돌았다. 그래서 국력은 상당히 기울어져 있었다. 두 나라 다 전쟁을 다시 치르기에는 기진맥진 상태였다.

그즈음인 1604년 사명대사가 적탐사(敵探使)로 혈혈단신 일본에 건너갔다. 그는 도쿠가와 이에야스에게 다시 조선을 침략할 것인가를 단도직입적으로 물었다. 그는 그럴 생각이 없다고 잘라 말했다. 그랬기 때문에 그는 나고야성 출병 진지까지는 갔으나 명분 없는 침략전에는 나서지 않고 회군했던 것이라고 했다. 약속이 틀림없음을 확인하고 싶다면 귀국할 때 전쟁 때 잡혀온 조선 포로들을 데리고 가도 좋다고 했다. 조선과는 싸울 의사가 없음을 확인하게 된 것이다. 사명대사는 돌아올 때 그 말을 증명이라도 하듯 상당수의 포로도 데리고 왔다.

쓰시마 도주 소 요시토시(宗義智)도 동래부사를 통해 여러 차례 조선과의 거래를 트자고 조정에 요청했다. 조선과의 교역이 안 되면 척박한 농지뿐인 쓰시마도 궁핍할 수밖에 없어서였다.

　일본이 전쟁의 의지가 없음을 확인한 선조는 1607년 여우길(呂佑吉)을 정사로 사행원 504명을 일본에 파견했다. 이때의 사행단은 '쇄환사(刷還使)', '회례사(回禮使)' 또는 '보빙사(報聘使)'라고 불렀다. 쇄환사는 포로를 데리고 오는 사절, 회례사는 포로를 돌려보내준 것에 대한 답례의 사절, 보빙사는 초빙에 답하며 서로의 믿음을 굳힌다는 뜻의 사절 명칭이었다.

　이 사절단이 임진왜란 이후 일본을 왕래한 첫 사절단이었다.

　1624년 정립(鄭岦)을 세 번째 정사로 파견했던 때부터는 사절단의 명칭을 '통신사(通信使)'로 불렀다. 임진왜란과 정유재란을 겪고 난 뒤 비로소 전쟁을 종식하게 된 것의 확인과 함께 상호 신뢰의 바탕이 다져졌다고 봤기 때문에 신뢰가 통한다는 뜻의 통신(通信)이란 용어를 쓰게 되었던 것이다. 세 번째 사절단의 사행원 수는 460명이었다.

　물론 전쟁 전에도 통신사가 없었던 것은 아니다. 그 이전의 통신사는 일본의 침략 의지가 있는지 없는지를 염탐하는 일, 왜구의 노략질을 막아달라 부탁하는 일, 왜구가 끌고 간 조선인을 송환해 달라는 일 등이 가장 큰 파견 목적이었다. 임진왜란 이후의 통신사는 전쟁 재발을 방지하고 평화의 터를 다지며 문화교류를 본격적으로 실시했던 사절단이란 관점에서 임진왜란과 정유재란 이후의 조선통신사는 그 전의

통신사와 비교하면 상당한 차이를 보이고 있다고 해야 할 것이다.

이런 깊은 역사적 의미를 가지고 있는 조선통신사에 대해서 내가 맹목이었다는 것은 부끄러운 일이 아닐 수 없었다. 그래서 틈틈이 조선통신사에 관한 책장을 조금씩 넘기게 되었던 것이다.

마츠바라 사장은 일본 사람인데도 어째서 조선통신사에 대해서 그렇게 열심이었을까. 궁금했다. 그런 궁금증을 최초로 나에게 던져주었던 사람이기에 그는 나에게 조선통신사에 눈을 뜨게 한 최초의 사람이 되었다. 그와의 기이한 인연은 이렇게 시작됐고, 조선통신사를 두고 그와 나는 오랜 세월 동안 문화교류의 동반자가 되었다.

쓰시마에서 처음 본
조선통신사 행렬재현

쓰시마는 우리 역사와 문화 흔적의 보존 창고였다. 한반도와의 방대한 교류 기록이 특히 그렇다. 거기에다 그런 교류의 발자국들이 여기저기서 발견되는 곳이 쓰시마다. 후쿠오카 대학에 머물 때 한 달에 한 번, 또는 두 번씩 거기 가서 며칠 동안 머물며 문화조사를 했던 이유다.

첫 번째 조사지역은 무턱대고 섬의 북쪽으로 정했었다. 그 다음부터는 차츰 남쪽으로 내려오면서 조사를 진행할 요량이었다. 섬에 대한 특별한 정보나 사전 연구는 부족한 상태였다. 어렴풋한 지식으로 문제가 있으면 현장에서 해결해볼 생각으로 무모하게 조사에 뛰어든 셈이었다. 지도로 볼 때는 그렇게 큰 섬 같아 보이지 않았기 때문이기도 했다.

그러나 쓰시마는 막상 도착해보니 남북으로 200리에 이르는 길고 큰 섬이었다. 중심지 이즈하라에 상륙한 뒤 무조건 이 섬의 북쪽으로 향했다. 무모하기 짝이 없는 출발이었다. 버스는 하루에 두어 번밖에 운행되지 않았다. 그것도 도로가 좁고 각진 곳이 많았다. 이즈하라에서 북쪽 마을까지 가는 데 몇 시간이나 걸렸던지, 지금은 기억도 나지 않지만 지루하게 멀었다.

 사고무친한 곳에 도착한 나는 동네 골목길을 더듬으며 숙소부터 찾았다. 그리고 노인들을 찾았다. 우리나라에서 남해 낙도 문화조사를 했을 때처럼. 그러나 찾아간 집들은 빈 곳이 대부분이었다. 주인이 바다로 나가고 없었기 때문이었다. 어쩌다가 만난 노인과는 대화가 제대로 잘 안 되었다. 시원찮은 나의 일본어 실력에다 이곳 노인들의 사투리가 보통이 아니어서 그랬던 것이다. 그렇거나 말거나 나는 다짜고짜 방문 목적을 설명하며 도와달라고 했다.

 어느 노인 한 분이 딱하다는 듯 나에게 민단사무실로 찾아가 보라고 했다. 민단사무실이 있다는 말에 귀가 번쩍 뜨였다. 안내해주는 대로 찾아가 그 사무실의 문을 두드렸다. 60대쯤으로 보이는 한 분과 40대쯤으로 보이는 여자 직원 한 명이 있었다. 천만다행이란 생각이 들었다. 나를 맞은 나이 든 그분은 나의 방문 목적을 듣다가 갑자기 물었다.

 "어! 당신 조선 사람이요?"

 그분의 얼굴이 갑자기 밝아졌다. 그러나 '조선 사람'이냐고 묻는 말에 멈칫 긴장하며 나는 한국에서 왔다고 고쳐 대답했다. 그때만 해도 '조선'이나 '조총련'이란 말에는 뭔가 몸을 사려야 했던 분위기였다.

"아! 한국. 내가 말버릇이 그렇게 들어버려서…."

그분은 경상도 사투리를 구사했다. 조총련계 간부로 있다가 얼마 전 88올림픽이 끝난 뒤 민단으로 전향한 사람이었다. 어렸을 때부터 여기서 살았기에 이곳 사정은 훤했다. 섬의 북쪽 일대의 역사와 문화, 심지어는 조선에서 건너온 듯한 설화까지도 꿰고 있었다. 그 무렵 섬의 북쪽은 교통이 아주 불편했다. 한국 사람의 방문도 뜸했기 때문에 나를 그렇게 반겼던 것인지도 몰랐다. 향수라도 달래듯 여러 가지 말을 하면서 안내는 자신이 맡겠다고 했다.

고향은 어디냐기에 경남 하동이라고 했다. 자신의 고향도 진주에서 가까운 산청이라고 했다. 친척들이 지금도 거기 살고 있어 세상도 좋아졌으니 한번 갈 참이라는 말도 했다.

그날 저녁은 그분의 집에서 머물렀다. '시라다케'라는 일본 술과 구워낸 오징어를 놓고 밤늦게까지 이야기를 나누었다. 그 이야기들은 모두가 나에게는 금싸라기 같은 것들이었다.

"한때는, 요 앞바다는 밤이 낮보다 밝았어요."

오징어 풍년이어서 바다는 어선들로 불야성이 되었다는 것이다.

"어떤 때는 부산에서 밀수선이 밤에 살짝 와서 오징어를 사갔다는 소문도 있었는데 나는 배는 한 번도 못 봤어요. 한 30년 전만 해도 이즈하라에는 조선 밀수선이 야밤에 건너와 손목시계랑 라디오를 몽땅 사갔지요."

당장에 두 가지 정보를 얻은 셈이었다. 젊었을 때 자주 들었던 이즈하라 밀수 특공대가 이즈하라와 부산항, 여수 등지로 다녔다는 사실을 이 노인이 확인해준 것이다.

"이즈하라에는 일 년에 한두 번밖에 못 내려가요. 올 여름에는 조선통신사가 가마 타고 오던 것을 흉내 내서 큰 굿판을 연다니, 꼭 한번 볼라꼬 맘먹고 있어요."

귀가 번쩍 뜨였다. 이즈하라에서 열리는 조선통신사 행렬 재현 행사를 구경하러 가겠다는 말 때문이었다. 마츠바라 사장의 말이 떠올라서였다.

"그 행사는 볼 게 많나요?"

"아이구, 잘 모리는 갑네. 이 섬에서는 제일 큰 볼꺼리라요. 그때는 사람들이 길을 싹 다 메우고 야단이라요. 선생도 그때는 역부러라도 꼭 한번 가보이소."

이 노인은 밤이 깊도록 여러 가지 이야기를 들려줬다. 올림픽 때 TV를 보고 일본 사람들이 한국이 겁나게 발전했다는 것을 다 알았다는 이야기, 이곳의 조총련계 활동이 이제는 시들해져버렸다는 이야기, 아랫동네에는 왜정 때 부산부립병원(지금의 아미동 부산의대병원 전신)에서 일하던 노파가 살고 있다는 이야기 등등으로 밤이 깊었다.

"날이 새면 한군데 가볼 곳이 있어요."

쓰시마 문화조사의 첫걸음은 이렇게 순조롭게 시작됐다. 긴장감이 풀리자 잘 마시도 못하는 술이지만 대작하느라고 홀짝홀짝 몇 잔 마셨다. 얼큰히 취해 걱정 없이 깊은 잠을 잘 수 있었다.

"여기는 '토(塔)노 쿠비(首)'라는 곳이라요."

조린 생선, 해초가 들어 있는 일본 된장국, 그리고 생달걀 한 개와 함께 공기에 든 하얀 쌀밥 한 그릇으로 아침 식사를 끝냈다. 노인은 나를 데리고 밖으로 나왔다. 사방에서 까마귀소리가 들렸다. 나지막한 언덕을 올랐다. 고분이 있는 곳이었다.

"돌로 맨든 곽맨치로 된 이 속에 사람 뼈가 들어 있었어요. 천년도 더 전에 조선에서 건너왔던 사람 뼈라고 합디다."

자세히 보니 석곽무덤의 흔적뿐이었다.

"이 안에서 나온 뼈랑 허리띠, 칼, 보물 같은 것은 나가사키에서 싹 다 가져가버리고 지금 이 안에 아무것도 없어요."

이 '토노 쿠비'는 천년도 더 전 야요이 시대(기원전 3세기경) 조선 사람들이 일본으로 건너왔던 흔적이라는 말을 거듭했다. 사고가 나서 죽었는지 어쨌는지는 알 수 없지만, 발견된 패물 같은 것으로 봐 제법 높은 사람 같았다면서 발견된 경위까지 설명해주었다. 우연의 일치겠지만 발견 경위도 흥미로웠다.

• 토노 쿠비 3호 석곽   •• 석곽 속에서 발견된 유물

당시로부터 20여 년 전, 김 아무개라는 한국계 중학교 2학년 학생이 근처 언덕 위에서 친구들과 놀다가 발이 땅 밑으로 푹 빠졌다는 것이다. 살펴보니 안이 텅 빈 것 같아 이상하다는 생각에서 그 안을 자세히 들여다 봤더니 희미하게 뭔가가 보였다고 한다.

"하필이면 우리 조선 학생이 24년 전에 조상들의 무덤을 찾아냈으니 얼마나 재미있는 이야깁니까?"

나는 그의 설명을 열심히 적고 사진도 찍었다. 현지조사의 첫발은 이렇게 순조롭게 내딛게 되었다. 북쪽 일대는 마을마다 골목마다 샅샅이 돌면서 이 분 이 선생님의 도움으로 어렵지 않게 조사가 진행되었다.

남쪽으로 차례차례 내려가면서 조사는 계속되었다. 일본 사람들과 계속 만나면서 쓰시마에서 조사하는 방법도 차츰 익숙해졌다. 뜻밖의 이방인을 만나도 쓰시마 사람들은 한결같이 친절하게 안내해주고 설명도 해주었다.

섬의 최남단 쯔쯔지역은 약간 외딴 곳이지만 그만큼 신화와 전설 등의 보고였다. 조사는 이 지역 사람인 모토이시 켄이치로 씨의 협조로 성공적으로 진행되었다. 들고 갔던 노트는 현지에서 전해져 내려오는 설화는 물론 한반도와의 관계에 대한 조사기록으로 가득가득 메워져 나갔다. 때로는 들고 갔던 워크맨으로 녹음도 하고, 서툰 솜씨지만 계속 사진도 찍었다.

다음에는 이 섬에서 열리는 조선통신사 행렬재현 행사가 있을 때 와서 꼭 볼 것이라는 다짐도 했다.

> 1994년 강남주 교수는 쓰시마에서 조선통신사 행렬재현을 처음으로 보았다. 그는 조선통신사를 보내준 한국에서는 없는 이런 행사가 쓰시마에서 재현되고 있는 것에 놀라움과 함께 부끄러움을 느꼈다. 그는 한국에서도 조선통신사 부활운동을 절감하고 귀국한 뒤 부산시장 등 중요인사들과 이 문제로 접촉했다. 2001년에 부산의 유수 언론사 대표, 국회의원 등과 함께 쓰시마를 직접 방문하여 조선통신사에 대한 열기를 지켜보게 했다.
>
> 『조선통신사 옛길을 따라서』, 최화수 등 공저, 한울, 2007. p.36.

이 기록에서 알 수 있는 것처럼 조선통신사 행렬재현을 처음 본 곳은 쓰시마였다. 1994년 8월 6일 토요일에 있었던 일이다.

'조선통신사(朝鮮通信使)'라고 한자로 옆으로 길게 쓴 판자를 든 남자가 행렬의 맨 앞에서 길을 인도했다. 이 행렬이 조선통신사 행렬임을 알리기 위한 것이었다. 일본무사 복장을 한 사람이 말을 타고 행렬 앞에서 길을 틔웠다. 이어서 소북과 장구를 두드리는 취타대(악대)가 노란 색깔의 연주복을 입고 행렬을 따랐다. 조선통신사 행렬임을 알리는 형형색색의 깃발이 펄럭거렸다.

이렇게 요란하고 화려한 안내를 받으며 금관조복(金冠朝服)에 수염을 늘어뜨린 조선통신사 정사가 가마에 앉아 일본의 거리를 누비다니, 신기한 장면이었다. 그리고 대단히 충격적이었다.

이런 행사는 해마다 8월 첫 번째 주 토요일이면 이곳 쓰시마 이즈하라항에서 열렸다. 1982년 이즈하라항 활성화를 위해서 이곳 관광협회 쇼노 고자부로(庄野晃三朗) 회장이 중심이 돼 처음으로 시작했던 행사, 그가 사망 뒤에는 그의 아들 쇼노 신지로(庄野伸十朗) 씨가 중심이 돼 대를 이어 계속되고 있다. 이 섬의 대표적인 축제 행사가 바로 이 조선통신사 행렬재현이라는 것이다.

쓰시마에서 찾아낸 어떤 일본문화의 흔적보다 나에게 큰 문화충격을 준 것이 이 행사였다. 그리고 맹목의 조선통신사에 대해 눈을 뜨게 했던, 나에게는 일대 사건이었다. 이 사건은 단지 충격에 머무르게만 하지는 않았다. 여러 가지로 되새겨야 할 깊은 의미까지 무게 있게 던져준 행사였다.

때마침 나의 일본생활이 외롭지 않으냐며 여름철 휴가를 이용해 후쿠오카로 방문차 찾아왔던 오랜 친구 유흥수(당시 국회의원) 씨와 함께 이 행사를 구경하게 되었다. 그 역시 내가 이 행사를 구경하게 된 경위, 조선통신사에 대해 뒤늦게 알게 된 나의 어설픈 설명을 듣고는 감동을 받았던 것 같았다.

이 축제 행사를 구경하던 사람들 속에서 희한하게도 나는 마츠바라 사장과 마주쳤다. 쓰시마는 그의 고향이었다. 우연이었지만 생각하면 필연 같았다. 그는 이 행사 때문에 후쿠오카에서 날아왔다는 것이다. 몇 년 뒤부터는 이 행사가 끝나면 그는 자신의 회사 옥상에서 뒤풀이 행사도 열어주었다.

마츠바라 사장은 유 의원에게 한국에서 이런 행사가 없다는 것은 아쉬운 일이라고 했다. 우리는 수긍하지 않을 수 없었다. 그리고 조선통신사를 보낸 우리나라에는 왜 이런 행사가 없는 것일까, 해서는 안 될 무슨 이유라도 있는 것일까, 그것이 궁금하기까지 했다.

조선통신사에 새롭게 눈뜨다

　일본에 머무는 1년은 매우 바빴다. 그러나 의미가 있었던 한 해였다.

　조선통신사에 눈을 뜨게 된 것이 그 첫손가락으로 꼽을 만한 분외의 소득이었다. 그해 여름에는 오키나와 류큐대학에서 열린 일본국제민속학회 주최 '일본 남서 낙도의 민속문화' 학술대회에서 '한국 남해 낙도 민속문화와 일본 쓰시마 민속문화의 유사성'을 발표한 것도 그런 소득 가운데 하나였다.

　참가자들은 우리나라 남해 낙도에 초분이 있었고, 일본 쓰시마에도 초분이 있다는 것에 매우 큰 관심을 보였다. 초분이란 풀무덤, 매장하기 전에 풀 속에다 일정 기간 시신을 묻어 두는 이중상세다. 바다를 건넌 이런 문화의 유사성이 그들에게 비상한 관심을 끌었던 것이다.

규슈대학 마츠바라 타카도시 교수의 권유와 추천으로 후쿠오카 세이난대학에서 우리나라 남해안 무속을 소개할 수 있었던 것도 의미가 컸다. 낙도 무당의 풍어기원 행사, 망자천도 행사 등은 일본에서의 망자천도 행사와 동질성과 이질성이 접합된 것 같다고 평가하기도 했다.

쓰시마의 문화조사는 이미 현지민에 의해서도 상당히 발굴됐다는 것을 심층조사를 하며 알게 되었다. 이 선행조사 덕에 나는 조사에서 크게 어려움을 겪지 않아도 됐다. 특히 나가도메 히사에(永留久惠) 선생의 『쓰시마 역사』와 오오이시 다케시 선생의 『섬의 고사탐구』 등은 현지조사에 절대적인 참고 도서가 되어 주었다.

그러나 그 어느 것보다 조선통신사에 눈을 뜨게 된 것이 일본에 머문 1년간의 가장 큰 소득이라면 소득이었다. 근세에 일본과 한반도가 이처럼 분명한 문화교류의 발자취를 남겼던 예는 조선통신사 외에는 찾을 수가 없었기 때문이다.

귀국하자마자 부랴부랴 쓰시마 문화조사 결과보고서 작성부터 끝냈다. 그리고 나서는 조선통신사에 관계된 책을 찾았다. 조선통신사 연구자가 되고 싶어서가 아니었다. 조선통신사의 가치를 분명하게 한번 규명해보고 싶어서였다. 자료를 이것저것 찾아보니 비전문가인 내가 몰랐을 뿐이지 관계된 책이 제법 있었다. 연구논문도 상당히 있었고, 조선통신사 옛길을 취재했던 신문기사까지도 있었다.

그 가운데 조선통신사 탐구에 가장 바탕이 되는 책이 『해행총재(海行摠載)』라는 것도 알았다. 조선통신사 사행원들이 쓴 여행기, 견문기, 수행 화가들의 그림 모음집 등이 책의 내용을 이루고 있었다. 24권이나 됐다. 뒤에 증보가 이루어지기는 했지만 조선통신사가 일본을 왕래했던 당시의 사정을 이해하는 데에는 이 책이 바로 금과옥조였다.

임진왜란 이후 조선통신사 사행원들이 1607년부터 1811년까지 12차례 일본을 왕래하면서 그 출발과 도착, 도중에 있었던 일과 방문 목적을 자세하게 기록해둔 글들이어서 조선통신사 이해에 없어서는 안 될 책이었다. 아주 소수이긴 했지만 그 이전의 일본 왕래 기록들도 없지는 않았다. 그러나 임진왜란 이전의 것은 주목하지 않았다. 임진왜란의 전흔을 지우고 평화를 공유하면서 문화를 교류하기 위해 사행길에 오른 것은 1607년 이후였기 때문이다.

조선통신사의 일본 왕래는 이미 1390년대에도 있기는 했다. 이 사절단의 명칭도 '조선통신사'라는 명칭 하나로 묶어 확정 짓기에는 나로서는 어려운 점이 있었다. 그렇지만 사절의 성격을 띠고 일본을 왕래한 것은 분명했다. 그럼에도 불구하고 전쟁의 상흔을 씻고 문화교류를 하면서 평화를 구축했던 사설이 아니었기에 내가 중점적으로 살펴보고자 하는 범위 안에는 넣지 않았다.

『해행총재』에서 읽을 수 있는 기록의 모음집은 방대했다. 정사와 부사, 종사관 외에도 제술관, 서기, 심지어는 동행 화가와 한의사까지 일본을 오가면서 경험하고, 보고, 듣고, 느낀 것들의 모음집이어서 어느 것보다 생생한 역사의 원자료라고 할 수 있었다. 기록에 따라서는 『해사록(海槎錄)』, 『동사록(東槎錄)』, 『부상일기(扶桑日記)』, 『계미사행일기(癸未使行日記)』, 『일동장유가(日東壯遊歌)』 등등의 이름들이 붙여지기도 했지만, 어떻든 모두 일본 견문록이었다.

앞에서도 언급했다시피 임진왜란 이후의 조선통신사 성립은 전쟁 재발 방지에 목적이 있었다. 그 목적 수행의 과정에서 일본의 지배자, 또는 식자나 보통 일본인들의 조선에 대

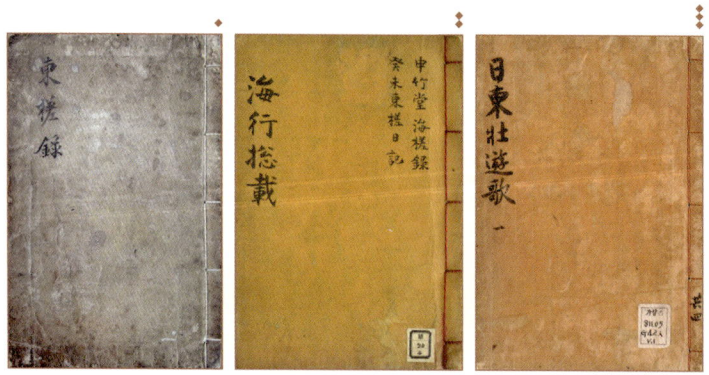

◆ 『동사록』 | 고려대학교 도서관 소장
◆◆ 『신죽당해사록』·『계미동사일기』 | 국립중앙도서관 소장
◆◆◆ 『일동장유가』 | 서울대학교 규장각 한국학연구원 소장

한 생각, 지리, 풍속, 일본인의 성격, 학문적 교류, 음악과 미술을 포함한 문화교류의 실상을 상세히 적어 놓은 것들이 이 책이라고 해야 할 것이다. 그만큼 역사 이해는 물론 문화교류를 이해하기 위해서 빠뜨려서는 안 될 중요한 기록임이 분명했다.

그러나 내가 이 책을 읽은 것은 유감스럽게도 연구논문을 쓰기 위해서가 아니었다. 조선통신사에 대한 호기심과 궁금증을 풀고 싶어서였을 뿐이다. 그렇기에 책장은 쉽게 넘어갔다. 그러면서 조선통신사에 대한 많은 것에 눈을 뜨게 되었다. 심지어 험한 바다를 건너는 사행선의 건조 방법, 출발 전에 있었던 전별연(餞別宴)이나, 바다의 안녕을 비는 해신제(海神祭), 화가들이 일본에서 전통적인 동양의 산수화나 호랑이 그림을 그린 이유 등을 생각해보는 것도 재미가 있었다.

그러나 정직하게 말하자면 이 책 읽기는 호기심이나 취미의 범위를 크게 넘어서지는 않았다. 정사 조엄(趙曮)이 일본에서 고구마를 우리나라에 최초로 도입했다든지, 물레를 본 뒤 우리나라 농사에도 이용할 수 있다는 단서를 얻었다든지, 서기로 갔던 김인겸(金仁謙)이 <일동장유가(日東壯遊歌)>와 같은 웅장한 시를 썼다든지, 김유성(金有聲) 같은 화가가 일본에다 조선의 전통 산수화 화법을 전달했다든지 하는 내용은 이야깃거리로서도 충분히 흥미를 끌만 했다. 문학작품의 소재도 우글거렸다.

기록에 따르면 예상 밖으로 일본이 우리보다 앞서 있는 것이 많았다. 물레를 이용한 농사법은 가뭄에도 농사를 할 수 있는 지혜가 우리보다 한발 앞섰던 예라고 할 수 있다. 오사카에서 본 일본인들의 여유 있는 경제생활은 가난한 나라 조선 선비의 눈에는 부럽게 비치지 않을 수 없었다. 그들은 또 조선통신사 일행이 강을 건너야 할 곳에는 사전에 어선과 나룻배를 끌어 모았다. 그것을 서로 엮어 다리를 만들어 사행원들이 건너갈 수 있도록 한 치밀한 사전 준비성도 놀라웠다.

또 사행원들이 가파른 길도 가기 쉽도록 산비탈을 깎아 길을 낸 배려, 자신들은 먹지도 않는 돼지고기까지 준비한 일본인들의 철저한 준비성에는 감탄하지 않을 수 없었다. 물론 결례도 없지는 않았다. 결과적으로 실행되지는 않았지만 자국의 지배자 무덤에 찾아가서 절을 세 번씩 하도록 요구한 것 등이 그 예에 해당한다.

그리고 조선통신사가 가지고 간 국서(국왕의 편지), 전쟁 재발을 방지하자는 내용이 적힌 우리 국서와 같은 수준의 일본 측 답장을 받아와 국왕에게 전달했던 역할은 대단했다. 두 나라 평화 유지에 결정적인 기여를 했기 때문이다. 그러나 그런 사실이 역사의 그늘 속에 묻혀 많은 사람들이 모르고 있다는 것, 또 조선통신사의 일본 방문을 곡해하고 있다는 것, 안타깝게 느껴지지 않을 수 없었다.

비늘 한 조각만 보고 한 마리의 생선을 보지 못했던 것이 그동안 조선통신사에 대한 나의 편견에서 비롯됐음이 분명했다. 그 책임은 전적으로 내게 있었다. 조선통신사에 대해 심도 있게 이해하려는 노력이 없었던 탓이었다.

궁금증을 풀고 취미로 읽기 시작했던 조선통신사에 대한 책 읽기는 날이 지나면서 차츰 옅어졌다. 전공이 조선통신사가 아니었기 때문이었다. 그러나 조선통신사를 이해해야 한다는 생각에는 변함이 없었다. 우리도 일본 쓰시마에서처럼 조선통신사 행렬재현 행사 같은 것을 하면 좋겠다는 생각에도 변함이 없었다.

그 무렵이었다. 상당 기간 일본에 머문 일이 있는 부산의 한 법학 교수가 중심이 되어, 역사학 교수, 국문학 교수 몇 분이 부산에서도 조선통신사 행렬재현 행사를 하자는 논의가 있다는 이야기가 들렸다. 그럴 만하다는 생각을 했다. 때가 됐다는 생각도 했다. 그러나 그분들과 개인적인 친분은 옅었다. 일을 진행시키면서 불러주면 나도 기꺼이 참가해서 작은 힘이지만 보태겠다는 생각은 했었다.

그러나 그 뒤 부산에서 조선통신사 행렬재현에 관한 이야기는 감감무소식이었다. 생각해보니 그럴 만도 했다. 우선 행사를 이끌어나갈 조직이 필요했다. 그리고 행사를 진두지휘할 인물도 필요했다. 책을 통해서 하는 개인적 연구가 아니고 조선통신사가 타야 할 가마와 같은 장비, 사신들이 입을 옷가지, 행렬의 재구성을 위한 이벤트 행사에 관한 지식과 자금 등 넘어야 할 산이 한두 개가 아니었다.

  교수들은 또 이벤트 전문가가 아니었다. 자금을 마련하기도 쉽지 않은 일이었다. 그래서인지 그런 행사에 대한 이야기는 말만 돌았지 곧 수면 아래로 가라앉고 말았다. 아쉽다는 생각은 했지만 나도 그 일은 곧 잊어버리고 말았다.

불씨를 살려낸 2002년 한일 공동 월드컵 축구대회

서기 2000년, 나는 부경대학교 2대 총장에 취임했다. 부경대학교는 1996년 부산수산대학과 부산공업대학이 우리나라 최초로 통합을 이룬 대규모 국립종합대학이었다.

초대 총장은 이질적인 두 대학의 교육풍토와 각각 다른 체질을 조정하느라고 어려움도 많이 겪었다. 전체 등록 학생 수 2만 5천 명 규모의 대학이었으니 그야말로 매머드 대학의 탄생이었다. 예산과 인사, 연구정책 수립과 서로 충돌하는 두 대학교수 간의 의견조정 등 해결해야 할 난제를 나는 전임 총장으로부터 고스란히 물려받은 셈이었다. 정신이 없었다.

나를 보좌하는 부총장과 대학본부 각 처장들의 어려움도 나와 다를 바가 없었다. 그들은 때로는 밤샘을 하면서까지 서로 머리를 맞대고 어려움을 풀어나갔다. 제대로 된 대규모 종합대학의 안착을 위한 사명감 때문이었다. 지금 생각해도 오늘의 부경대학교가 되기까지는 그들의 노고가 바탕이 되었음을 고맙게 생각하지 않을 수가 없다.

그런 와중에 하루는 부산 시내 기관장 회의에 참석했다. 총장 취임 인사를 겸한다는 가벼운 마음이었다. 대학 총장으로서는 당시 부산 시내 15개 대학 가운데 국립대학인 우리 대학과 부산대학 총장만이 기관장회 회원으로 되어 있었다. 회원은 모두 47명. 부산 시내 47개 기관장이 모여 부산의 여러 문제도 협의하고 기관장끼리의 상호협조와 친목도 다지는 식사 모임 정도로 생각하면서 가벼운 마음으로 회의에 참석하게 되었다.

그러나 이 기관장 회의는 그런 모임이 아니었다. 부산의 여러 현안은 물론, 지방대학의 육성을 위한 방법까지도 안건에 따라서는 아주 진지하게 논의도 한다는 것이었다. 연구비가 부족해 허덕이는 대학 총장으로서 지방대학 육성을 위해서 기관장들이 고민도 함께해 주는 자리라면 당연히 나갈 만한 회의라고 생각했다.

몇 번 나가지 않았던 때다. 기관장회 회장이 인사 이동으로 다른 지역으로 옮겨 자격이 자동 소멸됐다고 했다. 그래서 후임 회장을 선출해야 한다는 것이었다. 나는 막연히 부산시장이 당연직 회장으로 되는 줄 알고 있었다. 그런데 그게 아니었다. 부산시장, 시경국장, 검사장, 정보부(지금의 국정원) 부산지부장 등 이른바 권력기관의 장은 배제된다는 규정 아닌 규정 같은 것이 있었다. 다음 회장으로 느닷없이 나를 지목했다. 놀랐다.

첫마디에 나는 사양했다. 다른 대학 총장도 있고 경력이 빵빵한 다른 기관장도 있어서였다. 그분들 가운데서 선출하는 것이 좋겠다고 했다. 그러나 할 만한 분 가운데 한 분은 곧 부산을 떠날 것이고, 다른 한 분은 곧 정년이 된다는 것이었다. 연락과 소집, 안건 준비 등 다른 일은 부산시가 간사 역할을 맡아 다 할 테니 회의만 진행하면 된다는 것이다. 몇 번 참석해 보니 회의 준비는 부산시가 맡았고, 안건은 현장 제출로 논의되는 경우도 더러 있었다.

나는 팔자에 없는 부산시 기관장회 회장이 되고 말았다. 그러나 회장이 되고 보니 늘 그렇게 중요한 안건이 있는 것은 아니었다. 문제는 대부분 해당 기관에서 자력으로 해결하고 있었기 때문이었다. 선출될 때 들었던 말이 크게 빈말이 아니라는 생각도 들었다.

그러나 핵심 기관장 회의는 별도로 자주 열렸다. 그 모임에서는 예견되는 현안의 협조방안과 해결방법을 사전에 논의했다. 그러나 그런 현안이 항상 있는 것도 아니었다. 그런데도 모임은 정기적이었다. 회의가 끝나면 다른 정보들도 공유하면서 함께 식사하고 헤어지고는 했다.

2000년 겨울이 아니면 다음 해 이른 봄쯤인 것 같다. 그 무렵 어느 날 해운대에 있는 한 한식당에서 핵심 기관장 네 명이 회의 겸 만찬을 하는 자리를 함께했다. 회원은 안상영 부산시장, 여당의 부산시당 위원장인 유흥수 의원, 시내 일간 신문사 김상훈 사장, 그리고 회장인 나를 포함해 네 명이었다.

안상영 부산시장, 유흥수 부산시당 위원장, 그리고 나는 나이가 서로 엇비슷했다. 평소에도 개인적으로 친분이 있는 사이였다. 김 사장은 두어 살 위이긴 했지만 서로 격의 없이 지내고 있었다. 이해충돌이 있을 수 없는 자리이다 보니 분위기도 자연 화기애애할 수밖에 없었다.

이 자리에서는 2002년 부산에서 열리는 한일 월드컵 대회에 관한 이야기가 중심화제로 올랐다. 부산을 널리 알리고, 한일 간의 우호도 증진할 수 있는 식전 행사가 있었으면 좋겠다는 이야기가 나왔다. 다들 그런 필요성에 대해서는 이견이 없었다. 그러나 막상 어떤 행사가 적합할지에 대한 묘안은 없었다.

"비체육 분야 이벤트가 좋을 것 같은데… 가령 한일 공동 음악제라든지, 무용제라든지…."

언론사 김상훈 사장의 말이었다.

"늘 하는 그런 행사는 시에서 알아서 이미 준비하고 있고, 뭐 좀 쌈박한 것이 없을까?"

시장의 이 말에는 다들 별다른 반응이 없었다. 그런데 유흥수 의원이 돌연 이런 말을 끄집어냈다.

"아니, 조선통신사 행렬을 부산에서 해보면 어때요?"

안 시장이나 김 사장은 유 의원의 이런 갑작스러운 제안에 그게 뭐냐는 표정을 했다. 생뚱맞은 제안이었기 때문이다. 순간 쓰시마에서 봤던 조선통신사 행렬재현이 파노라마처럼 나의 머리를 스치며 지나갔다.

"그게 어떤 행산데?"

안 시장의 말이었다.

"쓰시마에서 강 총장이랑 같이 봤던 행산데, 그런 행사를 하면 괜찮을 것 같아. 조선통신사가 일본에 도착할 때 거기서 했던 환영 행사였어. 설명은 강 총장에게 한번 들어 봐."

다른 두 사람은 나를 봤다. 나는 아는 대로 설명을 하지 않을 수 없었다.

조선통신사가 쓰시마에 도착했을 때의 행사라고 말하고 조선통신사의 성립배경, 임금의 정사, 부사, 종사관 임명, 그리고 일본 장군에게 보내는 국서를 간직하고 부산을 떠나 에도까지 갔다 온 사행단이라는 것도 간단히 설명했다. 부산을 떠날 때 바다에 안녕을 비는 해신제, 일본에 도착했을 때의 화려한 행렬, 일본 구경꾼들이 구름처럼 몰려들었다는 이야기도 아는 대로 설명해줬다.

그러나 역시 이 행시의 가장 큰 의미는 조선통신사가 일본의 장군에게 임금의 친서를 전달하는 것이었다. 서로 싸우지 않고 평화롭게 지내자는 답서를 받아와 임금에게 전달했던 것이 역사적으로 큰 의미가 있었다는 말도 빠뜨리지 않았다.

"허허, 나는 몰랐네. 내가 공대 출신이라서 그랬던가?"

안 시장은 내 말에 깊은 관심을 보였다.

"그래서 에도시대 200년 동안은 당시의 조선과 일본이 평화시대를 누렸다는 거야. 법대 출신인 나도 그런 일이 있었다는 것은 강 총장이랑 쓰시마에서 보고 처음 알았어."

유 의원이 곁들여 설명했다.

"일본으로 향하는 출발지가 부산이었다면 한일 공동 개최 월드컵 축하 기념행사로서 부산에서 이런 행사를 하면 좋을 것 같아. 동래에서 부산까지 오는 행렬도 장관이었다니 한번 해봅시다."

듣고 있던 김 사장도 맞장구를 쳤다. 결론은 하는 것으로 내려졌다. 안 시장이 당장에 내가 중심이 되어 그 행사를 한번 추진해보자고 했다. 그러나 어떻게 그런 행사를 실행할 것인지에 대해서는 나도 전혀 까막눈이었다. 그저 행사를 목격한 것뿐이었기 때문이다.

"당장 이번 주말에라도 쓰시마에 가서 행사를 어떻게 하는지 관계자들로부터 이야기라도 한번 들어봅시다. 안내는 현지 사정에 밝은 강 총장이 맡고."

행사 이야기는 유 의원의 이 말로 끝났다. 그 자리에서는 나도 그런 행사를 했으면 좋겠다고 말은 했다. 그러나 내가 책임지고 그 일을 한다는 것은 엄두 밖이란 생각도 했었다. 그런 행사를 어떻게 실행해야 하는지 방법도 몰랐고, 어떻게 인력을 동원해야 하는지도 몰랐다. 그리고 이튿날부터는 내일에 묻혀 그 일에 대해서는 잊어버리고 있었다.

그 뒤 화요일인가 수요일 아침이었다. 출근 준비를 하고 있는데 시장 비서실에서 전화가 왔다.

"총장님, 혹시 이번 토요일 특별한 약속이 없으신지 시장님께서 한번 여쭤보라고 하십니다."

나는 별다른 일이 없다고 했다. 그러면서 왜 그러시냐고 물었다.

"총장님만 시간이 된다면 유 의원님, 김 사장님과 함께 쓰시마에 한번 갔으면 좋겠다고 하십니다. 총장님만 되면 다른 두 분에게도 지금 연락을 해서 사정을 알아보라고 하셨습니다."

별다른 중요한 약속은 없다고 했다.

시장을 포함한 우리 네 명은 그래서 그 주 토요일 아침 쓰시마로 향했다. 부산항에서 이즈하라항까지 한 시간 반 정도면 가는 '비틀'이라는 쾌속정을 탔다. 날씨는 좋았다. 그러나 쾌속정이 난바다에 이르자 바다는 너울로 일렁거렸다. 여객선이 작은 파도에 덜컹거리는 것보다 너울에 일렁거리는 것이 멀미를 참기에 다들 더 어려운 것 같았다.

이즈하라항에 도착하니 우리의 방문 연락을 받은 후지가미 키요시 이즈하라 정장과 다치바나 아쯔시 조역, 마츠바

조선통신사 행렬 모습

쓰시마, 2004

라 가즈유키 사장이 부두까지 나와 우리를 영접했다. 뱃멀미에 시달려 피곤했는데도 우리는 이즈하라 정장실로 직행했다. 따뜻한 차를 마시면서 쓰시마의 조선통신사 행렬재현에 대한 설명을 자세히 들었다. 여러 장의 화려한 행사 사진들도 함께 보았다. 안 시장은 이와 같은 행사라면 부산에서도 해볼 만한 가치가 충분하다는 확신이 생기는 것 같았다.

인구 3만이 조금 넘을 정도의 섬에서도 하는 행사, 그 행사의 주인공이 조선의 고관이었다. 그런 분들을 위한 송별 행사를 지금은 한국에서는 하지 않고 있다. 뭔가 순서가 뒤바뀐 것 같은 느낌이 들었다. 출발지 부산은 환송 행사를 할 만한 곳, 일본에서 무사히 되돌아왔을 때 무사 귀환을 환영하는 행사도 할 만한 곳이 부산이 아닌가. 유흥수 의원과 김 사장도 그런 행사의 개최에 대해서는 매우 긍정적이었다. 분위기가 자연스럽게 그렇게 돌아갔다.

그날의 숙소는 바다와 개천을 다 볼 수 있는 곳으로 잡았다. 내가 몇 번 머문 일이 있는 곳이었다. 거기서 모두 저녁 무렵까지 휴식을 취했다. 피곤함은 깨끗하게 지워졌.

마츠바라 사장이 우리 일행을 저녁 식사에 초대했다. 시내 중심지에 있는 괜찮은 식당이었다.

"와, 역시 생선회가 일품이구나."

김 사장의 감동이었다. 일본 술이 몇 순배 돌았다. 바다 여행의 피로도 말끔히 씻어지면서 다들 기분이 좋아졌다.

"이렇게 좋은 안주에 폭탄주도 한 잔씩 마셔야지. 오까미 상(시중을 드는 여자 지배인), 위스키 한 병 주세요. 폭탄주 만들어 마시게."

일본에 익숙한 유흥수 의원은 애주가다. 일본 술을 맛있게 마시다가 생각났던지 돌연 폭탄주를 한 잔씩 하자고 제의했다. 술에 약한 나는 덜컥 겁이 났다.

"폭탄주 말입니까?"

양주를 들고 온 오까미는 폭탄주라는 말을 들어보기는 했다면서 마시는 것은 처음 보게 됐다고 했다. 신기한 모양이었다. 유 의원이 맥주에다 양주를 섞어 한 잔씩 돌렸다. 얼큰해진 일행은 폭탄주를 몇 순배씩이나 돌렸다. 술이 시원찮은 나는 한 잔으로 끝냈고 마츠바라 사장도 술에 약하다며 마시는 흉내만 냈다.

기분이 좋아지자 유 의원이 술잔을 높이 들고 "가자! 조선통신사 가자!"를 외쳤다.

그때는 나도 술잔은 높이 들었다. 얼떨떨해진 오까미도 분위기만 보고 폭탄주가 든 잔을 함께 들었다. 월드컵 경기를 축하하는 식전 행사에 색다른 것이 없다고 고민했던 안 시장으로서는 이 행사를 하면 한일 우호 증진에 상징적 의미가 있어 안성맞춤이라고 생각했던 것 같았다. 우리는 다시 한 번 더 술잔을 높이 들었다.

2002년 한일 공동 주최 월드컵 경기가 열리는 해가 1년 뒤로 다가왔다.

이종원 당시 부산시 문화예술과장이 늦은 봄 어느 날 나를 방문했다. 조선통신사 행렬재현을 논의하기 위해서였다. 그는 이 부서에 발령받은 지 얼마 안 돼 사정을 자세히 모른다면서 도와 달라고 했다. 난감했다. 나는 조선통신사의 역사적 중요성이나 행사의 필요성은 인식하고 있었다. 그러나 내가 축제 행사를 도와주거나 진두지휘를 할 수 있는 처지는 아니었다. 이 분야의 행사에 경험이 전혀 없이 내가 지휘봉을 쥔다는 것은 어림없는 일이었기 때문이다.

거기에다 앞에서 말했던 것처럼 부산에서 몇 년 전 교수들 몇 분이 조선통신사 행사의 필요성을 논의한 일은 있었다. 그러나 그분들 역시 행사의 필요성은 인식했지만, 행렬재현 행사를 치러낼 수는 없어 중도에 포기하지 않았던가.

두 나라가 주관하고 전 세계가 주목하는 한일 월드컵 축구 행사에 앞서 부산시가 개최하게 될 의미 깊은 이런 대규모 식전 행사에 경험도 없는 내가 어떻게 덥석 지휘봉을 쥘 수 있겠는가. 필요성을 절감하는 행사이긴 했지만 이번 행사는 경험 있는 단체나 전문가가 진행하고, 그것을 본 뒤에 내가 관여할 수 있을 것인지 아닌지를 시장님과 따로 논의하겠다고 말하고 이 과장을 돌려보냈다.

그해 행사는 그래서 다른 목적으로 설치된 부산 문화관광

축제조직위원회에 진행이 떠넘겨졌다. 여름철 부산바다축제 행사를 수년간 실시한 경험이 있는 조직이었다. 그 조직 속의 이벤트 전문가가 이 행사를 맡아서 실시하기로 했다. 바다축제는 물론 조선통신사 행렬과는 다른 행사 위주이긴 했지만, 조선통신사 행사도 치를 수는 있을 것 같았다. 그 덕분에 대학 일로 바쁘기만 했던 나도 큰 짐 하나를 덜게 되었다. 다행이란 생각이 들었다.

그런데도 어딘가 조금 걱정스럽다는 생각도 들었다. 원형복원의 근거를 규명할 자료가 그다지 넉넉하지 않다고 생각했기 때문이었다. 나는 '수원 화성행궁 정조대왕 어가행렬재현'을 이미 TV를 통해 본 일이 있었다. 그런 행렬과도 약간 비슷한 조선통신사 행렬재현의 전례 행사는 있을 것 같지도 않았다.

내가 TV에서 봤던 화성행궁 어가행렬은 규모도 컸고 화려했다. 말 위에서 펼치는 검술 같은 것은 놀라웠다. 이와 비슷한 조선통신사의 마상재 재현은 참으로 어려울 것 같다는 생각이 들었다. 취타대 복원은 크게 어렵지 않을 것 같았지만, 그래도 조선통신사 행렬재현은 결코 만만한 작업 같지는 않았다.

어쨌든 내가 그 행사의 중심에서 한발 비켜설 수 있었던 것은 다행이었다. 그런 자세한 사정까지 안 시장이 알 턱은 없었다. 한번 행사를 해보라는 시장의 명령을 받은 문화 관계

부서는 고민에 빠졌다. 믿고 있던 나까지 행사에 경험이 없다면서 책임자로는 나서지 않겠다고 하지 않았는가.

그래서 결국 기획과 행사 진행은 바다축제 조직의 사무국장으로 일했던 연극인 김경화 씨가 맡았다. 그는 연극뿐 아니라, 우리나라 전통 민속놀이에도 상당한 재능을 가지고 있는 사람이었다. 그런 사실은 나도 전부터 알고는 있었던 터였다. 사전 연습과 현장에서의 행사 실시는 청도 소싸움 축제 행사 진행에 경험이 있는 허장수 씨와 부산예총에서 상당 기간 동안 예능 행사를 눈여겨 지켜본 송수경 씨가 맡았다. 그들은 축제조직위원회 행사와는 별도로 이 일을 하게 된 것이다.

바다축제 행사는 예정대로 광안리 해수욕장 바닷가에서 열렸다. 이때 조선통신사 행렬재현도 곁들여 첫발을 뗐다. 2001년 8월 1일의 일이었던 것 같다. 여름철이면 이곳은 관객들이 많았다. 나도 짬을 내서 관객들 속에 묻혀 이 행렬재현 행사를 구경했다.

선도대가 깃발을 들고 행렬의 앞에 섰다. 노란 복장을 한 취타대 뒤에는 문관 복장을 갖춘 사람이 가마를 타고 행렬을 이었다. 화려했다. 그 뒤에는 머리를 땋은 조선 여인들의 행렬, 한판 농악놀이가 펼쳐져 구경꾼의 눈을 끌기는 충분했다. '어? 그때도 조선의 여인들이 일본까지 가서 행렬에 참가했나?' 나는 잘 모르고 있었지만 어떻든 근처 광남초등학교에서 출발한 행렬은 해변도로를 따라 동쪽으로 150미터쯤 행진했던 것 같다. 행사로서는 성공적이었다.

　조선통신사 행렬재현은 이렇게 해서 부산에서 첫발을 내딛게 되었던 것이다.

조선통신사 행렬재현
위원회 설치로 정례화

처음으로 시도했던 조선통신사 행렬재현 행사에는 시민들이 큰 관심을 보였다. 늘 보던 행사와는 달랐다. 실험적인 행사이긴 했으나 낯선 만큼 흥미롭기도 했었다. 어떻든 이 행사는 역사적 의미가 큰 조선통신사 문화사업 행사의 가능성을 가늠하는 실험적 행사임에는 분명했다.

행사가 성공적이었다는 보고를 받은 안상영 시장은 기분이 좋았다. 부산에서 이런 행사를 해야 한다고 느꼈고, 이번 행사가 쓰시마 행사에 뒤지지 않았다는 생각에서 더욱 그랬다.

그 당시는 일본의 중등학교 역사교과서 문제로 한일 간의 갈등이 한창 고조되어 있었다. 특히 일본의 후쇼사가 펴낸 역사교과서의 위안부 문제를 다룬 애곡적 내용이 더욱 말썽을 일으키고 있었다. 그와 같이 한일 관계가 냉온탕을 되풀이하던 때에 세계인이 주목하는 월드컵 대회 축하행사에서 두 나라의 화해를 상징하는 조선통신사 행렬재현을 부산에서 한다는 것은 사람들이 관심을 가지기에 충분했다.

안상영 시장은 1988년 관선시장 때부터 이미 도시 행정, 건설 행정에서는 탁월성을 보였다. 그래서 평판이 좋았던 터였다. 그 무렵에는 문화 행정은 도시개발이나 건설, 교역 등에는 미치지 못한다고 생각하는 사람들이 없지는 않았다.

그런데도 그는 조선통신사 행사의 특수성을 파악, 이 행사가 부산의 독특한 문화 행사가 되도록 육성해야겠다고 마음을 굳혀버렸던 것 같다. 그래서 바다축제와는 별도로 전문적으로 조선통신사 행사만 맡아서 실행하는 조직을 꾸려야 되겠다는 생각을 하게 됐던 것이 아닌가 짐작된다.

"강 총장, 이번 조선통신사 행사 말이요. 평이 좋았어요. 이 행사만 전담하는 조직을 따로 만들어야겠는데, 당신이 조직 책임자가 좀 되어주시오."

"안 됩니다. 나는 대학 일이 바쁘기도 하고 이 일에는 아무 전문성도 없어요. 다른 사람 좀 찾아보세요."

"쓰시마에서는 부산에서 이런 행사가 필요하다고 군불을 때놓고 무슨 소리요? 해보자고 했던 쓰시마 도원결의를 잊어버렸다 이 말이오? 들어보니 당신만큼 조선통신사를 잘 아는 사람도 없는 것 같습디다."

아무리 조선통신사에 정통하지 못해도 나는 더 도망갈 수가 없었다. 쓰시마에서 했던 말 때문이었다. 2002년 3월 '조선통신사 행렬재현 위원회'가 발족되고 내가 억지로 집행위원장 감투를 쓰게 되고 말았다. 그러나 첫 행사는 축제조직위원회에 넘겨 달라고 했다. 2002년 6월 5일, 한일 월드컵 개최 기념 조선통신사 행렬재현 행사는 이렇게 부산에서 본격적으로 펼쳐지는 행사의 서막을 열었던 것이다. 사실상 그때 나는 구경꾼 역할 이상을 하지는 못했다.

이런 일과 함께 부산시는 조선통신사 행사 전담 조직 구성에 착수했다. 문화예술과 윤강수 사무관과 김영식 주무관이 실무자로 지명되었다. 대학 일이 바쁘긴 했어도 그래도 틈틈이 그들을 만나 조직 구성과 실행 방법에 대한 보고는 들었다. 그들은 노련한 솜씨로 일을 착착 진행시켜 나갔다. 오히려 내가 일을 배우는 셈이었다.

윤강수 사무관은 조선통신사 행렬재현 행사를 탈 없이 진행했던 김경화 씨에게 사무국장을 맡기면 어떻겠냐고 의견을 물었다.

"재능 있고, 사람도 좋아 보이던데, 정직하고 성실하게 일을 처리하는 사람이라면 그렇게 해도 무방하죠."

나에게는 별 대안도 없었다. 그래서 그는 조선통신사 행렬재현 위원회 사무국장이 됐다. 그리고 조선통신사 행렬재현 행사의 실무진으로 뛰었던 허장수, 송수경 두 사람이 그대로 이 조직에 편입됐다. 실무에 깊이 관여할 수 없는 처지인데도 이렇게 해서 나는 집행위원장의 일을 맡게 되고 말았다. 어쩔 수 없이 실무는 사무국장에게 모두 맡기지 않을 수 없었다.

같은 해 8월 4일 쓰시마 아리랑축제 때는 부산시 행정부시장이 정사역을 맡았다. 조선통신사 행사가 일본에서 체급을 크게 높였던 것이다.

행사가 본격화되기 전인 2003년 3월 7일에는 조선통신사 행렬재현 위원회의 명칭이 '조선통신사 문화사업 추진위원회'로 바뀌었다. 변경 이유는 이후 본격적으로 조선통신사와 관계된 '문화 행사'도 끌어안겠다는 의지 표명이었던 것으로 기억한다. 조직은 이렇게 단단하게 출발했지만 막상 일할 사무공간이 없었다. 시청 24층에 있는 축제조직위 사무실 한쪽 구석에 책상 두 개를 놓고 곁방살이가 시작되었다. 나로서는 민망하고 난감한 일이었다.

그러나 그때는 이런 문제까지 시장과 논의할 수는 없는 상황이었다. 얼마 전 부산시장과는 정치적 방향성이 다른 정당의 사람이 대통령으로 당선된 뒤여서, 시장으로서는 이런 문제까지 신경을 쓸 겨를이 없었기 때문이다. 다음 해인 2004년 3월에는 부산시 주무부서의 노력으로 시내 중앙동 외국인 서비스 센터 4층에, 내가 총장 임기를 끝내고 정년퇴직까지 하고 난 뒤인 11월에는 범전동에 마련된 독립된 사무실에 안착하면서 보따리 업무 처리는 면하게 됐다.

나도 그때부터 사무실에 자주 나가기는 했다. 그러나 역시 실무에는 서툴렀다. 실무에 어느 정도 익숙해진 2008년, 수정동에 있던 부산시 상수도 사업소 공간을 개조해 전용공간을 확보함으로써 사무공간 문제는 완전한 해결을 보았다.

조직이 완성된 2003년부터는 자체 행사가 정상궤도에 진입할 수 있었다. 그러나 계획하고 있는 행사를 추진하기 위해서는 예산이 턱없이 부족했다. 부산시에서 행정 지원의 실무를 맡고 있는 윤강수 사무관도 예산 지원에 편파성 문제가 있을 수 있다는 이유로 특별예산 지원 같은 것은 예산 심의 부서의 통과가 어려울 것 같다 했다. 그래도 나로서는 어떻든 예산을 확보하지 않아서는 안 될 것 같았다.

대학에서 강의하고 대학의 운영을 책임지고 일한 경험밖에 없는 나로서는 예산 문제를 해결한다는 것은 매우 버거운 일이었다. 부질없는 일을 맡아 걱정이 비 온 뒤 죽순 같았다. 생각 끝에 정부의 예산 돌아가는 사정을 잘 아는, 내가 근무하는 대학 사무국장과 이 문제를 논의해 봤다. 정년하기 전 일이다. 그분은 정부 예산 관계 업무에 밝은 사람이었다.

무슨 방법이 없냐는 나의 걱정에 그는 정부 예산 지원은 쉽지 않을 것 같다고 했다.

"예산안이 국회로 넘어가 이미 때가 늦은 듯합니다. 혹시 문화체육부가 예비비에서 지원한다면 몰라도, 그 역시 쉽지는 않을 것 같습니다."

결국 김경화 국장이 내민 행사 계획을 줄일 수밖에 없었다. 그러나 아무리 검토해도 버리기에는 너무 아까운 행사들이 수두룩했다.

"혹시 부산지역 국회 예결위원이 있으면, 그분이 나서면 방법을 찾을 수 있을지도 모르겠습니다. 더 필요한 예산이 5억 원쯤이라면 대응자금으로 해당 부처가 추경에 반영하는 조건으로 그만큼 지원할 수도 있고 계수조정위원회에서 예산 조정을 할 수는 있을 것도 같은데, 이 역시 저로서는 너무 늦지 않았나 싶습니다."

해결이 어려울 것 같았다. 대학 예산을 확보하는 데 애써야 할 총장으로서 엉뚱한 예산 확보를 위해 노심초사하는 것이 보기에 안쓰러워 대학 사무국장이 여기저기 알아봤던 것인지 모르겠다. 가능성 여부는 알 수 없었지만 그의 한마디 귀띔은 나의 머리를 번쩍하게 했다.

그때 초선 의원이기는 했지만, 뒷날 국회의장이 된 부산 출신 정의화 의원이 그 당시 예산결산위원회 계수조정위원이었기 때문이다. 그는 동구 출신이며 내가 살던 집에서 얼마 떨어지지 않은 곳에서 살았기 때문에 전부터 개인적으로도 아는 사이였다. 나는 체면 불고하고 그를 찾아갔다. 앞으로 우리도 동구에서 행사를 할 계획이 있다면서 지역구를 위해서라도 꼭 좀 도와달라고 매달렸다.

그 사이에 조금 더 긴 사연은 있었지만 어떻든 이미 확보

된 예산 5억 원에다 정부 대응 지원자금도 상당액이 더 보태졌다. 그도 자신의 출신 구인 동구 좌천동에다 조선통신사와 관련이 깊은 영가대의 복원 예산도 따로 확보했었다.

영가대는 안동의 옛 지명을 따서 1624년에 부산 바닷가에다 지은 해신제당 이름이다. 같은 해 제3회 조선통신사 정립(鄭雴) 정사가 이곳에서 바다의 안녕을 비는 해신제를 지낸 제당이기도 했다. 원래는 지금은 없어진 좌성로 철도변에 있었다. 역사 속에서 그림자마저 지워졌던 그 영가대를 복원하는 것도 조선통신사 문화사업과 연계되어 이루어졌으니, 이 또한 의미 있는 일이 아닐 수 없었다.

어렵사리 예산은 그렇게 확보되었다. 연간 실행 계획을 받아 내 책상 위에다 펼쳐놓고 하나씩 살펴봤다. 구두로 보고받았던 행사 규모보다 훨씬 크고 화려했다. 내용도 과감한 실행 계획으로 짜여 있었다. 예산도 생각보다 훨씬 많이 들었다. 나는 머리를 갸웃했다.

"다 해낼 수 있어요?"

"그렇게 어려운 행사는 아닙니다. 이 예산이면 충분히 해낼 수 있습니다."

김경화 국장의 자신 있는 답이었다.

그때부터 해야 할 일들이 쏟아졌다. 일 욕심이 많은 그는 부리할 징도로 행사 계획을 짜고 밀어붙였다. 뒤에 좀 더 자세히 말하겠지만 9월 21일에는 서울 창경궁 명정전에서 3사

임명식을 거행했다. "부산에 이런 조선통신사가 바다 건너 일본으로 떠나는 행사가 있었노라"고 서울 복판에서 소리 높이 외칠 수 있는 계기를 만들기 위해서였다.

일은 이렇게 시작되었다. 그해 쓰시마 아리랑축제에서도 행렬의 중심에 우리가 섰다. 쓰시마 시청 앞에서 출발한 행렬이 국제여객 부두까지 약 1.5km로 이어졌다. 정사 가마 뒤에는 놀이패가 꽹과리를 두드리고 우리 무용단이 춤추며 관객들에게 유감없이 볼거리를 제공했다.

나는 차츰 자신을 얻었다. 김 국장의 일 처리 능력에도 믿음이 갔다. 그에게 행사에 대한 전권을 주듯 했다. 예산도 일정 액수 이상은 결재를 받고 그 이하는 자율적으로 집행하라고 했다. 쪼개기 집행을 해서는 안 된다고만 주의를 줬을 뿐이다. 한 조직의 책임자로 있으면서 이런 일 때문에 경리상 오류가 있어서는 안 되겠다는 우려를 했기 때문이었다.

쓰시마 무대를 누빈 부산 무용단

쓰시마, 2004

1부 조선통신사 400년 만에 부활하다

정중하면서 화려했던
본격적인 행렬 재현

　나는 현장에서 쓰시마 행사의 성공을 목격했다. 이왕에 행사를 이렇게 의미 있게 해나갈 참이라면, 우리의 경우도 조직의 존재를 외부에 널리 알려 그 능력과 가치를 인정받는 일도 중요하다는 생각을 했다. 주변에 동조자가 있어야 지속성에 힘을 얻을 수 있기 때문이라는 생각에서였다. 그래서 단단한 우군을 확보하는 일에도 신경을 쓰기 시작했다. 서울에도 그런 우군이 있다면 천군만마를 얻는 것 같지 않겠는가.
　서울에 관심을 둬야 하겠다는 이유는 또 있었다. 우리가 조선통신사 행사의 추진 주체라는 사실을 서울에서 만천하에 내보이는 일이 그것이었다.
　그 무렵에 일본에서 화장품을 수입하는 한 회사가 조선통신사 문화 행사와 관련된 일을 도모하고 있다는 소식이 있었다. 경쟁심을 촉발시키는 신경 쓰이게 하는 소식이었다. 그러나 그들은 인력과 예산 규모 면에서 어려움이 커 청년 학생들의 자원봉사 형식으로 우선 출발부터 서두르고 본다는 것이 계획이란 소식이었다. 이 역시 비서울권에서 행사를 도모하고 있는 우리로서는 지역적 열세를 벗어나지 않아서는 안 될 이유가 되기도 했다.

그런 일로 고심하고 있던 어느 날 유흥수 의원을 부산 시내 대연동에 있는 커피집에서 만났다. 조선통신사 문화사업이 잘되게 하기 위해서는 서울의 응원 세력이 필요하다고 운을 뗐다. 설명을 길게 하지는 않았다. 그래도 그는 금방 무슨 말인지 알아듣고 필요성에 공감했다.

"음, 서울에 와서 국회 한일의원 연맹 소속 의원들을 한번 만나 인사를 하는 게 좋겠군. 소개는 내가 해 줄 테니까. 여름 휴가가 시작되기 전이면 더 좋을 것 같고."

이른 7월의 어느 날이었던가, 나는 그의 의견대로 서울 출장길에 의원 몇 사람을 만나 인사를 할 기회를 얻었다. 충북 출신 정 모 의원, 종로 출신 박 모 의원도 처음으로 거기서 만났던 것 같다. 그들은 한결같이 추진하고 있는 행사 내용이 좋다면서 지원을 아끼지 않겠다고 했다. 유흥수 의원의 도움으로 서울의 지원 세력까지도 힘들이지 않고 확보하게 된 셈이었다.

이와 같은 지원 세력 확보에는 정의화 의원까지 소매를 걷고 나섰다. 그들은 국회 안에 이미 조직되어 있는 한일의원연맹 소속 의원들을 조선통신사 문화 행사 응원 세력으로 끌어들이겠다고 했다. 천군만마를 얻은 셈이었다. 어느 정도 자신을 얻은 나는 김경화 국장에게 내 생각을 말하며 그럴 듯한 서울 행사를 한번 기획해보자고 했다.

말은 그렇게 했지만 나로서는 어디서부터 먼저 손을 대야 할지 막막했다.

"위원장님, 정사와 부사, 종사관의 임명식을 서울에서 크게 한번 했으면 좋겠다는 생각을 하고 있었습니다."

나는 머리에서 퍼뜩 그림이 그려지지 않았다.

"본때 있게 한번 했으면 좋기는 하겠는데…. 예산 문제도 있고, 계속 그렇게 할 수 있을까?"

김 국장은 국조오례의를 따라 문무백관들이 보는 앞에서 3사에 대한 어전 임명식을 연출하면 조선통신사 행사에 대한 전국적 인지도를 높이는 효과는 대단할 것이라고 했다.

우려 반, 기대 반이었다. 그러나 나는 그에게 한번 해보자고 했다.

그는 행사 계획에 착수했다. 부산연극제에서 연출상을 받기도 한, 이벤트에는 이력이 난 사람이어서 그의 계획에 불안감을 갖지는 않았다. 거기에다 그는 동래학춤도 보통 수준이 아닌 인물이어서 어떻든 행사는 그럴 듯하게 해낼 것이라는 믿음은 갔다.

무슨 수단으로 섭외를 어떻게 했는지 그는 창경궁 명정전을 3사 임명 장소로 승인받았다고 보고했다. 직원들과 함께 철야 작업을 하면서 만든 행사 시나리오를 내 앞에 내밀었다. 자세한 과정을 눈여겨보지도 않았던 나는 완성된 계획을 보고 놀랐다. 준비에 준비를 거듭한 결과 그해 늦여름에 3사 임명식을 개최하기로 했다.

나는 행사 계획을 한 번 더 자세하게 살펴봤다. 엄숙하고 경건한 임명식이자, 화려한 연극무대에서 펼치는 한 판의 잘 짜인 굿판, 아니면 고전극의 한 장면과도 같이 느껴졌다.

"예산이 좀 더 들기는 해도 이렇게 출발하는 것이 좋을 것 같습니다."

앞에서 이미 말했던 3사 임명식은 그래서 마침내 9월 21일에 열렸다. 판을 여는 곳은 서울 중심지였고 이 행사는 전국의 행사를 아우른다는 벅찬 신호이기도 했다. 이런 경험이 없는 나는 조직의 책임자로서 긴장하지 않을 수 없었다.

정사역은 서울에서 활동하는 연극배우에게 맡겨져 있었다. 출연료도 손이 작은 내가 보기에는 듬뿍이었다. 식전 행사로 부산에서 올라온 풍물패 놀이가 창경궁 명정전 앞뜰에서 한판 어우러지게 놀았다.

마침내 식의 시작을 알리는 큰 북을 두드리는 소리가 둥- 둥- 둥- 3번이나 명정전 일대를 흔들었다. 이를 '초엄행사'라고 부른다는 것이었다. 의장대와 차림에 위엄이 가득한 내금위 등이 등장했다. 준비가 끝났다는 북을 다시 두드렸다. 이를 '중엄'이라고 했다. 삼엄에서는 문무백관 등 행사 참가자가 입장했다. 왕과 정사, 부사, 종사관 등 3사가 등장하고, 어전에서 엄숙한 임명식이 전개되는 것으로 시나리오는 위엄 있게 펼쳐졌다.

서울에서 열린 3사 임명식

서울, 2005

3사 임명식 행사가 끝나고 왕과 3사가 퇴장하자 가무단의 춤판이 구경꾼들 앞에서 화려하게 펼쳐졌다. 행사는 시작에서 끝까지가 잘 짜인 한판의 드라마였다. 대본대로 펼쳐지는 현장을 보면서 나는 어쩐지 긴장되면서도 우쭐해졌던 기억이 새롭다. 이벤트에 대해서는 아무것도 모르는 내가 이 행사의 책임자라는 생각이 들어 더욱 그랬다.

행사는 이렇게 끝났다. 종로에 있는 창경궁은 접근성이 좋은 장소였고 날씨도 좋았다. 국회의원들도 이 행사를 좀 볼 수 있도록 해 달라고 유흥수 의원에게 몇 번이고 전화 다이얼을 돌렸다. 그래서이겠지, 그날 행사에는 유흥수 의원을 비롯해 정의화, 박진 등 국회의원들도 여러 명이 참석했다.

임명식을 끝낸 뒤, 3사가 가마를 타고 서울을 떠나는 행렬 재현행사는 인사동 거리에서 펼쳐졌다. 서울에서도 대표적으로 사람들이 북적거리는 거리다. 이때 정사복을 입고 가마에 올라탄 사람은 연기자가 아니었고 종로구 출신 박진 국회의원이었다. 그는 뒷날 외무부 장관이 되었다.

그날 저녁에는 낮 행사에 참가했던 국회의원을 비롯한 몇 명의 인사를 만찬에 초대했다. 그들은 저녁 식사 자리에서 한결같이 좋은 행사였다고 입을 모았다. 그리고 앞으로 협조할 일이 있으면 협조를 아끼지 않겠다고 했다.

이 행사는 부산을 본거지로 출발한 조선통신사 문화사업 추진위원회가 그 출발을 전국에 알리는 계기가 되었던 것은 확실했다. 비록 서울에서 열었던 첫 행사이긴 했지만, 그 규모나 화려함, 의욕이 넘치는 행사는 보는 이로 하여금 감탄하지 않을 수 없게 해 주었다.

　이 행사의 성공을 위해 며칠이고 밤낮을 지새우며 고생한 직원들의 노고도 짐작할 만했다. 이렇게 큰 행사의 성공에 동원되어 헌신적으로 봉사한 자원봉사자들의 노력은 감동 그 자체였다. 이런 대규모 행사를 치르기 위해서는 이렇게 많은 인력이 동원되어 그늘에서 일해야 하고, 막대한 예산이 드는 것을 비로소 알았다.

　다음 차례는 이번 서울 행사의 성공과 연결되는 행사였다. 그 행사는 서울을 출발한 사행단이 통과지역 주민들로부터 환영을 받으며 부산에 도착한 뒤 험한 바다를 건너 일본으로 떠나는 각종 의식이었다. 그 의식은 서울을 떠날 때의 행사에 버금가는 행사였다. 그리고 모든 행사의 중심지인 부산, 그 가운데서도 이 행사를 이끌고 있는 조선통신사 문화사업 추진위원회의 행사능력을 가늠하는 행사이기 때문에 긴장하지 않을 수 없었다.

　부산 행사는 개최 날짜를 바쁘게 잡았다. 서울 출발이 9월 21일이었으니까 빠듯하게 시간을 맞춰 부산 행사는 일주일 뒤 9월 26일로 잡은 것이다. 사행단이 부산으로 옮겨 가는 실제 기간은 이보다 훨씬 더 길었다. 그러나 국내의 다음 행사가 줄을 서서 우리의 참가를 기다리고 있었다. 그래서 부산 행사를 이렇게 바쁘게 잡았던 것이다. 부산에서의 조선통신사 행사는 '한일문화교류 축제'라고 이름했다. 문화 행사까지 보듬었기 때문이다.

조선통신사 일본 방문 자체가 평화와 문화교류 이념을 실현하기 위해서였으니까 우리가 문화교류를 겸하는 것은 당연하다는 생각이었다. 그러나 그때는 한일 관계가 평화교류의 이념 실현이나 문화교류보다 감정이 앞서는 상황이었다. 그런 상황 속에서 사행원들이 쓴 일기(사행록) 속에서 발견되고 있는 내용마저도 그대로 재현하기란 쉬운 일이 아니었다.

조선통신사에 눈을 뜨게 해준 마츠바라 사장과 쓰시마의 몇 분, 그리고 나와 개인적 친분이 있는 일본인 몇 사람을 통해서 서로가 갖고 있는 불편한 감정을 어떻게든 좀 삭여보자고 말할 수밖에 없었다. 그리고 이번 부산 행사에는 되도록이면 많은 일본 사람들도 참가해서 행렬도 함께하고 춤도 함께 추면서 얼어붙은 한일 관계를 녹여보자고 간곡히 부탁했다.

김 국장도 일본과 만만찮은 연결고리가 많았다. 그는 한때 도쿄에 머문 일도 있었다. 그래서 그쪽의 예능인들과도 친분이 많았다. 그런 인맥을 통해 조직적으로 이 일을 추진시켰다.

마츠바라 사장은 니의 협조 요청에 환호작약의 반응을 보였다. 결성이 완성 단계에 든 일본 내 조선통신사 연고지에도

모두 알려 성공적인 행사가 될 수 있도록 적극 돕겠다고 했
다. 쓰시마에서는 이미 공동 행사에서 성공을 거둔 바 있었
다. 앞으로 계속 있게 될 행사도 쓰시마뿐 아니라 일본 각지
와 연계하는 행사로 발전시킨다면 이 교류행사는 서로가 한
단계 높게 비약할 수 있는 계기가 될 수 있을 것이라고 생각
했던 것이다.

국제도시 부산항이
조선통신사 행사로 들썩

　부산에서 실시할 조선통신사 행렬재현 행사의 날이 정해지자 사무실은 또다시 바빠졌다. 매일 들러 함께 일할 수는 없었지만, 나는 틈이 나는 대로 자주 사무실에 들렀다. 가보면 직원들은 책상 위에 엎디어 행사 설계도를 그리고 있었다. 아니면 전화통을 들고 출연자를 수배하는 소리로 시끌벅적했다.

　행사장은 용두산공원 광장이었다. 사람들이 많이 모여드는 바로 그곳이 행렬의 출발지였다. 시내 중심지가 훤하게 내려다보이는 구도심 한가운데 산비탈에 자리 잡은 공원이다. 거기서 행사 당일 오후 거창한 출발식을 갖기로 했다.

　행사가 시작되자 지나가던 사람들이 걸음을 멈췄다. 전에는 볼 수 없었던 별난 행사였기 때문이다. 식이 끝나면 일본 사람들과 하나가 된 행렬은 용두산공원에서 부산의 중심가로 이동한다. 대청동과 광복동을 잇는 사이 길을 지나 광복동 거리에서 한판 춤도 화려하게 펼친다. 일본 무용단도 함께 참가할 수 있게 하기 위해 그동안 공을 들였던 결과다. 그렇기 때문에 이색행렬이 되지 않을 수 없었다.

"아니, 일본 사람들이 광복동 한복판에서 일본 복장 그대로 우리나라 사람들과 어울려 춤을 추다니 말이 됩니까?"

이름만 대면 알 만한 분이 이런 말을 듣고 걱정스럽다는 듯 나에게 지나친 모험이 아니냐고 했다. 사실 나도 그런 걱정을 하지 않았던 것은 아니다. 한일 관계가 평탄하지 않은 때였기 때문이다.

"우리도 언젠가 일본의 거리 한복판에서 우리 춤을 출 수 있어야 합니다. 그래서 우리 문화도 일본을 징검다리로 더 넓게 세계로 뻗어 나가야 합니다. 그러기 위해서는 우리가 먼저 그들을 초청해야 합니다. 조선통신사도 일본의 침략이라는 끔찍한 비극이 있은 뒤 일본에 가서 우리나라 궁중아악도 연주하지 않았습니까?"

이런 행사가 언론으로부터 혹심한 비판이라도 받으면 어쩌나, 나도 은근히 걱정되기는 했었다. 그러나 믿는 구석도 있었다. 몇 년 전인 1998년 김대중-오부치 선언에서 두 나라는 문화를 개방하겠다고 명시적으로 밝혔던 일이 있었던 때문이다. 그런 선언과 함께 민간인의 일본 여행도 상당히 자유로워졌다. 또 우리나라 교향악단이 일본에서 연주회를 개최하기도 했고, 합동 서예전이 국내 여기저기서 열리기도 했다. 우리라고 일본 사람과 섞여 춤을 춰서는 안 될 이유가 뭐 있겠냐 싶어 행사를 계획대로 밀고 나가기로 했던 것이다.

예정대로 용두산공원에서 행렬은 화려하게 출발했다. 구경꾼들이 광복동 거리를 가득 메웠다. 3사는 궁중에 들 때의 금관조복을 그대로 차려 입고 가마 위에 앉아 군중을 향해 손을 흔들었다. 군중들도 발뒤꿈치를 올려 세우며 3사를 향해 손을 흔들었다. 화려한 행렬은 계속 뒤를 이었다.

미화당 백화점(지금은 없어졌음) 앞 세거리에는 국내외 내빈을 위한 관람대까지 마련됐다. 시민들이 북적거리는 거리 복판에서 예상 밖의 장면도 펼쳐졌다. 400년 전 일본의 무사복장을 한 일본인 한 무리가 조선통신사 3사의 가마 앞에서 길 안내를 했다. 일본에서의 행렬재현 모습 그대로였다. 행렬 뒷부분에는 한국 무용단이 화려한 거리 무용으로 길을 덮었다.

행렬은 그것이 끝이 아니었다. 뒤이어 우리나라 나막신을 닮은 게다라는 신을 신고 일본 무용단이 방울을 흔들거나 나무로 만든 작은 딱딱이를 손가락에 끼고 돌려 두드리며 행렬을 이었다. 이런 춤을 '요사코이 오도리'라고 했다. 살이 많은 종이 우산, 아니면 부체 같은 것을 들고 춤을 추는 일본 여인들도 뒤를 따랐다. 보통으로는 우리가 볼 수 없는 기묘한 장면이 거리에서 연출된 것이다. 동래학춤, 농악놀이, 남사당패 놀이는 빠질 수가 없는 필수종목이었다.

구경꾼들은 구름이었다. 상상도 못 했던 낯설고도 희한한 장면이 지금 눈앞에서 벌어지고 있는데 어찌 그냥 스칠 수 있으랴.

용두산공원을 출발한 행렬은 광복동을 거쳐 옛 부산시청 건너편 동광동 입구 앞 갈림길에서 끝났다. 그러나 행렬이 끝났다고 행사가 끝난 것은 아니었다.

용두산공원에서는 저녁에 있을 한일합동 무대공연에 앞서 낮 동안에는 조선통신사 일본행적의 모습을 그린 그림전이 화랑에서 열렸다. 일본에서 조선통신사를 접대한 향응 요리 전시, 한일전통 복식전 등이 이어져 볼거리와 먹거리 제공에 관객들은 쉬 용두산공원을 떠나려 하지 않았다.

저녁에는 용두산공원에다 임시로 설치한 가설무대에서 한일문화 교류행사가 펼쳐졌다. 조명발에 채색된 두 나라 무용단이 화려한 복장으로 무대에 올라 춤을 췄다. 물론 일본의 큰북놀이와 춤은 관객들을 신기한 장면으로 안내했다. 우리나라의 사자춤, 어디서나 쉽게 볼 수 없는 오광대놀이 등도 일본인들과 뒤섞여 만만찮은 볼거리를 제공했다. 일본에서 한창 인기가 높은 사자춤이 빠질 턱은 없었다. 이렇게 꾸려진 무대는 한일 간의 골 깊은 갈등을 민간인들이 풀어보려는 노

우리의 전통놀이단과
일본무사 복장을 한 행렬재현단

력의 상징적인 마당이었다.

저녁에는 코모도호텔로 내외 귀빈과 중요 참가자들을 초청, '한일 문화교류의 밤' 행사를 개최했다. 조선통신사 성신 교류의 정신을 환기시키며 한일 두 나라의 우호 증진을 다짐하는 행사였다. 부산에서 한일 공동으로 펼쳐지는 이런 행사는 참으로 보기 어려운 행사였다.

한국과 일본의 관계자들이 한자리에 어우러져 펼치는 교류행사, 이번 행사는 의미 있고 성공적이었다고 자평하고 싶었다. 그러나 온갖 힘을 쏟아 한일 문화교류 행사를 성공적으

행렬재현에 이어 열리는
한일 문화교류 행사에서는 패션쇼,
한일 양국의 전통놀이 공연 등이 펼쳐진다.

로 치른 직원들은 잠시의 휴식을 취할 겨를도 없었다. 뒤따르는 국내 다른 지역 행사에도 참가할 준비를 해야 했기 때문이다. 의욕은 넘쳤지만 무리하는 것은 아닌가 걱정이 되기도 했다.

 9월 30일 오후에는 충주에서 우륵문화제가 열리게 되어 있었다. 김 국장은 이왕 내친김에 그 행사에도 참가하겠다고 했다. 조선통신사가 일본으로 갈 때 거쳤던 각 지역과 협력해서 조선통신사 국내 연고지 결연행사를 하는 것도 우리가 해야만 할 의미 있는 일인 것 같았다. 일본에서는 이미 조선통신사 연고지가 서로 협력하면서 조선통신사의 의미를 되새기고 이어가려는 지역간 연고지 결연행사도 부분적으로 완성되었지 않은가?

우리도 전국 연고지를 하나로 묶고 싶었다. 김경화 국장도 이 일은 꼭 실현해 보고 싶다고 했다. 그래도 직원들에게는 심한 과부하가 아닐까 하는 걱정도 없지 않았다. 그렇지만 그는 어떻든 일을 성취시켜 보겠다고 했다. 일부 지역은 그곳의 행동대장(?)이라고 할 수 있는 현지 행사전문가들과도 친분이 있다면서 그는 이른바 네트워크 구축에 자신이 있다고 했다.

예정대로 충주에서 문화축제 행사가 열렸다. 그곳 예총에서 개최하는 이 행사에서는 조선통신사 행렬재현이 충주의 거리를 화려하게 누비게 되었다. 직원들이 모두 하나가 되어 또다시 밤잠을 설친 결과였다. 잠깐의 쉴 틈도 없이 행사가 꼬리를 물고 또 찾아온 것이다. 우리의 이런 노력에 힘입어 행사가 너욱 빛났다면서 충주 예총은 이 행사를 앞으로도 계속 유치하겠다고 했다.

며칠 뒤인 10월 3일에는 안동국제탈춤 페스티벌이 있었다. 그 행사에 참가한 다음 날인 4일에는 경주 세계문화 엑스포에도 참가했다. 집행위원장인 나로서는 너무 무리하는 것은 아닌지 위태위태하다는 느낌까지 들었다. 일의 진행과정은 수시로 보고는 받았다. 조선통신사 문화사업회는 봉사자들을 동원해 결국 이 행사까지를 모두 성공적으로 끝냈다.

행사에 쫓기느라고 이런 행사를 치르는 데는 예산이 얼마나 투입되는지 나는 채 챙겨볼 겨를도 없었다. 일정액의 범위 안에서는 사무국장의 재량으로 지출하도록 했으니 더욱 그랬다. 나는 예산 확보와 외부에 대한 방파제 노릇을 하는 것으로써 만족할 수밖에 없었다.

어떻든 예산이 미치는 범위 안에서 우리는 여기저기서 진행되는 행사에 열심히 참가했다. 우리의 존재를 좀 더 널리 알리기 위해서였다. 상당히 성공적이었다고 오랜 세월이 지난 지금도 그때의 일들에 대해서는 그렇게 자평하고 싶다.

일본 행사 실행을 위해
두 도시를 방문하다

　조선통신사 문화 행사는 전국 어디에서나 모두 성공적이었다. 그 바탕에는 부산바다축제 때의 소규모 해변 퍼레이드 행사에서부터 쌓아올린 경험, 다음 해 한일 월드컵 경기 축하 행사를 실행했던 경험 등이 축적됐던 때문이 아닌가 한다. 이런 경험이 누적되어 조선통신사 문화사업회 직원들은 모두 행사의 일머리를 훤히 꿰뚫게 되었던 것이다. 일사불란한 협력의 결과이기도 했다.

　부산에서 열렸던 행사가 성공을 거뒀던 것은 일본 측의 아낌없는 행사 지원에 힘입어서이기도 했다. 마츠바라 가즈유키 일본 조선통신사 연고지협회 회장은 일본과 연계한 행사 문제로 이미 수차례 나와 의견 교환도 나눴던 터였다. 그 위에 쓰시마의 조선통신사 행렬 진흥위원회 쇼노 회장이 솔선

수범 협력해준 노력의 덕도 컸다.

쓰시마에 이어 다음은 부산과 가까운 도시, 후쿠오카와 시모노세키의 협조를 받는 일이었다. 실제로 조선통신사가 쓰시마를 떠나 후쿠오카현 아이노시마에 기항했다가 일본 본토의 첫 관문인 시모노세키에 들러 여러 가지 행사를 펼쳤던 만큼, 이 두 지역은 연고 깊은 지역들이었기 때문이다. 이 연관 도시부터 먼저 방문해 협조를 얻어야 일본 진출의 확실한 디딤돌을 확보할 수 있을 것 같았다.

그러나 생면부지의 내가 혈혈단신으로 거기에 가서 이 일을 성사시키기에는 역부족이었다. 후쿠오카시와 시모노세키시의 협조를 위해서는 부산시가 사전에 협조를 요청하는 등 중간에 서서 역할을 해주어야 했다. 두 도시는 부산시와는 자매도시, 또는 행정협력도시로서 서로 교류도 활발하게 하고 있었던 때문이었다.

이야기의 시간적 순서가 뒤바뀌긴 했지만, 추진위원회 출발 초기 부산시는 신속하게 부산에서 시행하는 조선통신사 문화사업 행사를 협조해 달라고 두 도시에 협조공문을 보낸 일은 있었다. 그리고 방문하게 될 나에 대해서도 상당히 자세하게 소개도 해주었다. 나는 그렇게까지 나를 소개해준 사실은 모르고 있었다.

2003년 6월 11일 먼저 후쿠오카 시를 방문했다. 이때 부산시 문화담당국장도 행사 실행위원장의 자격으로 나와 동행했다. 그러나 오전에 출발한 우리는 후쿠오카에 도착해서 시장을 바로 방문할 수는 없었다. 시장이 다른 행사에 참석하고 있어서였다. 후쿠오카 지리를 대략 알고 있는 나는 조선통신사 행렬재현의 적지가 어딘지, 시민과 어울려 공연행사를 할 수 있는 곳이 어딘지 살펴보기 위해 오호리공원 안에 있는 민속무용 전수관, 바닷가에 넉넉한 홀을 갖추고 있는 마린멧세 등을 혼자서 두루두루 살펴봤다.

저녁 만찬장에서는 후쿠오카 시청 직원이 나를 기다리다가 안내해줬다. 부산시청에서 함께 온 직원들도 나를 뒤따라 시간이 되자 모두 현장에 도착했다. 시간에 맞춰 야마자키 코타로 후쿠오카 시장이 나타났다. 나이도 지긋한 분이어서인지 온화한 표정이었다. 그는 나와 악수를 했다. 따뜻했던 손이 오래 기억에 남는 분이었다.

만찬에 앞서 그는 안상영 시장의 안부를 묻고 인사말을 전해 달라고 했다. 나는 고맙다는 말과 함께 안 시장에게 이 말씀을 전하겠다고 했다. 그리고 후쿠오카시 방문 목적을 설명하며 후쿠오카시의 협조가 절대적이라고 말했다. 이제는 한일 관계가 더 좋아져야 한다면서 민간교류의 중요성도 나름대로는 열심히 펼쳤다.

"저의 생각도 같습니다. 부산시에서 간곡한 말씀도 잘 전해 들었습니다. 힘이 닿는 데까지 서로 도와야죠."

조선통신사 행사 협조에 대한 이야기는 더 설명할 것이 없을 정도였다. 내가 후쿠오카대학에 방문교수로 머물고 있었던 것도 야마자키 시장은 이미 알고 있었다. 그는 후쿠오카와 부산의 협력증진에 대해서 자신이 가지고 있는 복안도 설명해 줬다. 어떻든 협조를 요청하기 위한 후쿠오카 방문은 성공적이었다.

다음 날 낮, 나는 부산에서 온 동행자들과는 따로 행동했다. 후쿠오카 시민들이 운집할 수 있는 손쉬운 곳을 찾아 평화공원부터 들렀다. 근처에 있는 후쿠오카 성에도 올랐다. 조선 침략에 앞장섰던 쿠로타 나가마즈가 성주로서 진을 치고 있었던 곳이다. 그러나 내가 방문했을 때는 한때 권위의 상징이었던 이 성은 담벽을 비롯, 여기저기가 이미 허물어져 있었고, 한쪽에서는 복원공사가 펼쳐지고 있었다. 이렇게 도느라고 하루가 거의 다 갔다.

이튿날 늦게 우리는 함께 시모노세키에 도착, 다음 날 아침 식사가 끝난 뒤 시모노세키시장을 방문했다. 인구 30만 정도의 도시지만 한때는 대륙의 창구 노릇으로 크게 번창했던 일본의 관문항이 시모노세키이다. 관부연락선 취항 등으로 식민지 기간 동안 부산과는 애환이 뒤섞인 곳이기도 했다. 우리 교민도 많이 살고 있으며 부산시가 최초의 국제 자매도시 결언을 한 곳도 바로 이 도시다. 여기서는 늦가을이면 '리틀 부산' 행사도 개최하는 등 부산에 대해서는 아주 우호적인 도시이기도 했다.

시장은 예상했던 것보다 훨씬 젊은 에지마 키요시(江島潔)란 분. 이분은 첫 만남부터가 총명함을 느끼게 했다. 미국에서 소년시절을 보내기도 해서였는지 국제감각이 뛰어나다는 소식은 부산을 떠나기 전에 이미 들은 바 있었다.

예상대로 그는 시모노세키시의 역사에 대한 설명, 세계 평화를 위해서 아시아의 관문으로서 시모노세키시가 부산시와 서로 협력해야 할 일 등 평소에 생각했던 일들을 거침없이 잘 설명해 주었다. 그는 이미 조선통신사와 시모노세키 사람들 사이에 얽혔던 이야기에 대해서도 훤했다. 즉석에서 비서를 불러 조선통신사 첫 상륙지와 조선통신사 숙소 등을 잘 안내해 드리라고 지시했다.

우리가 더 설명할 것도 없이 그는 시모노세키시 차원에서 시모노세키 항구축제 행사 때 조선통신사 행사도 함께 하자고 했다. 시모노세키시 항구축제인 바칸마츠리는 8월 마지막 주 토요일에 개최되는 이 도시 최대의 축제 행사였다. 조선통신사 행사의 시모노세키 상륙은 이렇게 어렵지 않게 이루어지게 되었다.

시 청사에서 멀지 않은 바닷가에는 조선통신사 상륙기념비가 서 있었다. 거기에는 김종필 한일의원연맹 회장(당시)이 쓴 글씨가 그대로 새겨져 있었다. 감동적이었다. 이어 시모노세키시 직원의 안내를 받으며 주변 공원에 올라가 관몬

해협이 보이는 곳에 이르렀다. 2차 대전 때 항공모함이 사용했다는 대포알과 같은 크기, 같은 모형이 그대로 공개되고 있었다.

공원에서 내려와 조선통신사 사행원들이 머물렀던 아카마신궁을 둘러봤다. 이 신궁의 전시실에는 1748년 조선통신사 수행 화원 이성린(李聖麟)이 그린 <사로승구도(槎路勝區圖)>라는 그림 한 편이 걸려 있었다. 물론 복사본이다. 그러나 그런 역사적인 그림이 여기에 걸려 있다니, 놀라웠다. 조

조선통신사가 들러 시문을 남겼던 아카마신궁

<사로승구도 槎路勝區圖> 중 통신사가 바닷길로 다닌 30곳의 경승지

국립중앙박물관 소장

선통신사 문화교류의 성공을 예감하게 해주는 도시라는 생각이 들었다.

　점심시간이 가까웠다. 시모노세키시 직원의 안내로 우리는 곧바로 아카마신궁 옆에 있는 식당으로 향했다. 에지마 시장이 명성 높은 요리점 '슌반로'에다 오찬 자리를 마련, 우리를 초대했던 것이다. 그는 식사 전 미리 준비했던 환영사를 읽으며 우리를 환영했다. 나는 아무 준비도 안 된 상태에서 환영사에 대한 답사를 했다.
　점심 식사에는 이 도시 명물로 널리 알려진 복어회도 나왔다. 식사를 하면서도 에지마 시장은 시모노세키와 부산시의 관계가 보다 좋아져야 한다고 거듭 강조했다. 문화교류를 통한 교류도 지금보다 더 활발해져야 한다면서 문화교류에 대한 기대감도 보였다. 점심이 끝난 뒤 시모노세키 수족관을 비롯해, 역사 관광지 두어 곳을 더 둘러보고 우리는 시청에서 제공해주는 자동차로 후쿠오카 공항으로 직행했다.
　부산과 가까운 두 도시를 방문하면서 느꼈던 것은 그들이 우리에게 반한 감정을 가지고 있을지 모른다는 짐작과는 달리 예상 밖으로 우호적이었다는 점이었다. 물론 두 도시가 부산과 가까운 곳이기 때문에 무역을 비롯, 스포츠 등 여러 면에서 긴밀한 교류는 있어왔던 터이긴 했다. 그러나 문화교류는 경제교류나 스포츠 교류에 비하면 비교적 덜했던 것도 사실이다.

400년 전에 있었던 조선통신사 문화교류 행사를 이곳에서 재현한다는 것은 일본의 두 도시에서도 기다리고 있었던 일인지 몰랐다. 더욱이 한일 공동으로 열린 월드컵 경기와 때를 맞춰 행사를 했다는 점 등에서도 우리를 그렇게 따뜻하게 맞아주었던 것인지는 알 수 없지만.

두 도시를 방문해서 느꼈던 것은 역시 그들은 우리에게 예상외로 친절하다는 것이었다. 우리가 일본 사람들에게 갖고 있는 좋지 않았던 선입견, 반대로 일본 사람들로부터의 혐한감 같은 것은 읽을 수 없었다. 그들은 임진왜란 때의 인물이 아니기 때문에 그런 것일까, 아니면 가해자와 피해자의 생각의 차이에서 오는 것일까? 잠시 생각을 하게도 했다.

어떻든 당시 일본 방문은 성공적이었다. 조선통신사를 매개로 한 두 나라 문화교류의 미래에 대한 푸른 신호등을 보고 왔기 때문이다. 조선통신사 문화교류의 팔을 더 멀리 뻗어나갈 수 있다는 용기도 얻었다.

시모노세키를 떠나 조선통신사가 기항했던 곳은 가미노세키, 도모노우라, 시모가마가리, 우시노마도, 더 나아가면 일본이 자랑하는 세도나이카이 해로가 끝나는 곳, 오사카였다. 여기서는 다시 육로가 시작됐다. 육로에 올라도 거쳐 가야 할 곳은 줄을 서서 기다리고 있었다. 모두가 조선통신사 연고지이기 때문에 우리가 관심을 가져야 할 곳들이었다.

일본 두 도시 방문을 끝내고 돌아왔을 때 조선통신사 문화 사업회 사무국에서는 쓰시마 행사에 참가할 준비를 이미 상당히 진척시켜 놓고 있었다.

요란한 취타대를
선두로
통신 3사
일본을 누비다

쓰시미 행사는 이미 앞에서 내용을 살펴봤었다. 그러나 거기에 덧붙여야 할 이야기는 많다. 쓰시마 아리랑축제는 1982년부터 쓰시마 항구축제 행사의 하나로서 개최돼 오고 있다고 앞에서 말한 바 있다. 이 행사는 섬의 대표적인 축제 행사이며 섬사람들이 참석해 관광 진흥을 위해 일체가 되는 행사이기도 했다. 그만큼 비중이 높은 행사일 수밖에 없었다.

이 행사를 재현할 수 있었던 근거는 앞에서 말했던 것처럼 오사카 교민 신기수 씨의 노력이 절대적이었다. 그는 필생의 노력으로 일본 안에 흩어져 있는 조선통신사의 기록을 살피고 사비를 들여 유물까지 수집했다. 조선통신사와 관련된 기록과 그림을 바탕으로 50분 정도 길이의 조선통신사 행렬재현 영화를 만들기도 했다.

　이 영화는 재일동포에게는 대단한 충격이었다. 조선통신사가 일본에 남긴 대륙문화 전파의 공적이 상상을 뛰어넘었기 때문이다. 이를 계기로 교민들 사이에서는 조선통신사 이해에 대한 바람이 불었다. 일본 학자들까지 가담해 연구도 활발하게 전개되었다. 오사카에 살다가 쓰시마로 옮긴 쇼노 씨 역시 조선통신사 행렬재현의 근거를 여기에 두고 있었던 것 같다.

　2004년 8월 7일 토요일. 쓰시마에서 아리랑축제가 열리는 날이었다. 이 행사에는 우리도 대거 참석했다. 근무지인 대학에서 정년을 며칠 앞둔 여름방학 때여서 편한 마음으로 현지에서 이 행사를 살펴봤다. 이제 조선통신사 문화사업에 전념할 수 있게 되었다고 생각하니 주마간산처럼 봐오던 행사를 속살 깊이 볼 수도 있게 된 것이다.

　땡볕이 내리쬐는 오후 2시, 조선통신사 행렬은 이즈하라 민속전시관 옆 빈 광장을 출발했다. 형형색색의 깃발을 높이 세워 든 선도행렬, 요란한 취타대 연주와 함께 정사가 탄 가마가 시가지 행렬에 나섰다. 그 행렬 뒷부분에는 부산에서 참가한 남산놀이마당, 사물놀이패, 고전 무용단이 곱게 차린 무용복을 입고 거리공연을 펼치며 뒤따랐다.

　쓰시마 시민들이 우리 옷인 치마저고리를 입고 부채로 햇

볕을 가리며 행렬의 뒤를 잇고 있는 것은 이채로웠다. 그 여인들은 한복에 서툴러 옷 입은 품새가 어딘가 약간 어색해 보이기는 했지만 역시 진풍경이었다. 그들은 이색문화를 접한다는 것에 마냥 즐거운 표정이었다. 쓰시마의 여름철 이 축제는 속과 겉이 서로 맞는 쓰시마 최대의 축제였다. 이런 행렬재현 행사에 우리가 적극적으로 참여했고 지원했으니 얼마나 뿌듯한 일이었겠는가.

　행렬은 시내 중심지를 돌아 여객선 터미널 빈터로 향했다. 시내 중심지에는 바닷물이 들었다 났다 하는 넓은 개울이 흐르고 있었다. 이른바 '가와바다 거리', 개천변 추락 방지 울타리에는 조선통신사 행렬 모습이 유리판에 그림으로 그려져 붙어 있었다. 가깝기는 해도 일본 땅인 이 섬에서 이런 그림을 볼 수 있다니, 이곳 사람들이 우리나라에 대해서 가지고 있는 호감이 어느 정도인지 짐작할 수 있었다.

　저녁에는 조선통신사 행렬이 해산됐던 국제터미널 빈터에 마련된 가설 무대에서 공연이 펼쳐졌다. 우리 춤을 선보였고, 일본의 민속춤도 함께 공연되었다. 화려한 조명과 큰북소리, 우리의 대금 소리, 힘이 넘치는 어부들의 뱃노래는 쓰시마 전체를 흔드는 것 같았다. 특히 우리의 노래 판소리를 일본 무대에서 불렀다는 것도 여러 가지 상징적 의미가 있었다.

　조선통신사 문화교류 현장에서 한국인과 일본인이 협력하

쓰시마 이즈하라의 중심지에 있는
조선통신사 행렬을 묘사한 타일 벽화

여 대중문화 교류의 신호탄을 쏴 올렸다는 것, 적어도 이런 무대 위에서는 한일 갈등을 찾아볼 수는 없었다는 것은 평가할 만한 일이라고 느껴졌다.

쓰시마 행사 최초로 당시 부산시 부시장이 정사 가마를 타고 군중들에게 손을 흔들었던 일은 한일 관계의 길조로 비쳤다. 허남식 당시 부산시장이 이렇게 부산시의 서열 2위 공직자를 보냈던 것은 국제도시 수장으로서의 그의 의식을 가늠하게 했다.

그다음 해는 또 하나의 기록을 갱신했다. 조선통신사 정사의 직계 후손 조동호 씨를 찾아냈기 때문이다. 조동호 씨는 1711년 조선통신사 조태억(趙泰億) 정사의 9대 후손이다. 그는 우정국에서 정년한 뒤 집에서 쉬고 있던 참이었다.

조태억 정사가 일본에 갔을 당시 부사는 임수간, 종사관은 이방언이었다. 그들은 각각 다른 기행문『동사록(東槎錄)』을 따로 남겨 조선통신사 연구에 많은 자료를 제공했다. 또 그들이 교토에 들렀을 때는 쇼코쿠지라는 큰 절에서 머물렀다. 그때 정사를 비롯한 사행원들이 그 절 뒤편에 있는 절 지쇼인의 주지는 물론 승려들과 필담으로 나눈 내용들이 지금도 그대로 남아 있다. 당시 일본 최고의 학자라고 자랑하던 아라이 하쿠세키(新井白石)와 교토에서 벌였던 논쟁은 지금까지도 전설처럼 전해지고 있다.

뒷날 나도 그 절을 방문했던 일이 있다. 조태억 정사 일행이 거기에다 필담으로 남겼던 수많은 붓글씨는 조선통신사 학회 회원들의 연구자료로도 쓰임새가 대단한 것들이었다. 특히 당시 우리나라의 도덕적 준거의 틀이었던 유교를 설파하거나 우리 문화를 소개하는 글들도 많이 남아 있었다. 이런 자료들은 조선통신사가 우리 문화를 일본에 전파했던 내용을 확연히 알 수 있게 하는 자료가 되어주기도 했다.

내가 1711년 때의 사행단에 특별히 주목했던 것에는 또 다른 이유도 있었다. 처음 한일 공동 월드컵 게임을 앞두고 축하 행사로서 실시했던 조선통신사 행렬재현을 보고 의문점이 생겼던 때문이다. 행렬재현이 과연 충분히 고증된 것인가, 아니면 어디서나 흔히 볼 수 있는 서로 엇비슷한 행렬도를 보고 그런 것을 짜깁기해서 재현행사를 했던 것이 아닌가 하는 의구심이 생겼던 것이 바로 그것이었다.

그 뒤에 이와 같은 의문을 깨끗이 씻어준 것이 1711년의 <조선통신사 행렬도(朝鮮通信使 行列圖)>였다. 이 행렬도는 당시 수행 화가들과 일본 화가들이 그린 긴 두루마리 그림이다. 이 그림을 펼쳐가며 거기에 그려진 순서에 따라 부산에서의 행렬재현에 적용했던 때문이다. 거기에다 '화성행궁 정조대왕 어가행렬'도 참고했고, 국조오례의도 참고했으니 행렬재현 모습의 정확도는 어느 정도 흉내를 냈다고 할 만했다.

그때 가마를 탔던 조대억 정사의 후손 조동호 씨를 정사로 모신 것은 그렇기 때문에 특별한 의미가 있었다. 어떻든 조선통신사 후손과 연결이 잘 되지 않았던 때에 마침 그 후손과 만날 수 있게 되었으니 다행한 일이었다. 조동호 씨에 대한 이런 사실이 보도된 뒤 3사의 후손들이 한두 명씩 나타나기 시작했다.

정사 역을 맡은 조태억 정사의 후손 조동호 씨

쓰시마, 2004

조선통신사들 숨결
여기저기에 배이다

2004년 8월 28일에 열린 시모노세키 행렬은 확실히 그 도시의 행사를 풍성하게 했다. 저녁에는 시모노세키시가 주관하는 만찬 자리에 행사 참가자들 모두가 초청되었다. 그들의 몸에서는 아직도 땀 냄새가 흘러나오고 있었다. 초청자인 에지마 키요시 시모노세키시장은 나와는 이미 구면이었다.

그 가운데는 카와무라 다케오 중의원(국회의원)과 히로시마 한국총영사관 관계자, 지역 유지들도 축하객으로 참석했다. 특히 고국과의 교류행사가 열리는 이 자리에는 시모노세키 한국민단 관계자들도 참석해 명실상부한 한일 문화교류의 장소가 되었다.

시모노세키시장의 진지한 환영인사로 행사가 시작되었다. 그는 일본 본토에서 한국과 가장 가까운 이 도시가 부산의 자매도시로서 21세기에도 서로의 번영을 위해 교류를 한층 심화하지 않으면 안 될 것이라고 했다. 땀을 흘려가면서 더위 속을 뛰었던 우리에게는 울림이 큰 말이었다. 당시 인사말을 통역하는 일본인 모리와키 그무수 여사의 한국어 발음은 일본어 티를 완전히 벗어나지는 못했었다. 그렇지만 의미와 내용의 정확성과 뛰어난 통역은 모두를 놀라게 했다.

다음은 나의 답사 차례였다. 그러나 겨우 한 두어 마디 인사나 나눌 수 있는 나의 일본어 실력으로 공식적인 인사말은 어림없었다. 시모노세키에서 현지 대학생들에게 한국어를 가르치는 정관순 씨가 나의 한국말 통역을 맡아 수고해주었다.

그 자리에서는 한국 김치를 잘 담기로 널리 알려진, 얼마 전 작고한 아베 신조(安倍晋三) 수상의 부인 아끼 여사까지 참석해 축사를 했다. 그는 축사를 통해 오늘 같이 활발한 민간문화교류가 두 나라 우호 증진에 크게 기여하게 된다는 것을 강조했다. 그런 점에서 이와 같은 행사는 앞으로도 계속 이어져야 한다는 말도 했다. 행사가 끝난 뒤 아끼 여사는 우리 측 참가자 여러 사람과 사진 촬영도 했다.

행사가 끝나자 에지마 시장은 다른 야간 축제 행사에 참석하기 위해 자리를 떴다. 그러면서 시민문화부장에게 우리 측 참석자들을 잘 모시라는 말도 빠뜨리지 않았다. 나는 이 행사를 일본 측에서 지휘했던 시모노세키시 시민문화부장 하마자키 씨의 안내로 같은 부의 차장 등 몇 명과 함께 시청 근처 가라오케 집으로 향했다. 술을 좋아하지는 않았지만 사양하기는 어려웠다. 우리 측에서는 두 명만이 나와 함께 동석했다. 행사가 끝나자 우리 직원들은 일본 측 행사 참가자들과 함께 뒤풀이겸 교류의 만남을 따로 하겠다면서 미리 정해진 다른 곳으로 자리를 떴기 때문이다. 이 뒤풀이 행사는 서로의 얼굴을 익히는 친교의 자리였고, 뒷날 행사를 효과적으로 치르기 위해서는 두 나라 참여자 모두에게 의미 있는 시간이 아닐 수 없었다.

가라오케에서 나는 시원한 생맥주를 조금 마셨다. 피로가 풀렸다. 노래를 한 곡 뽑아보라고 자꾸 권하는 바람에 미야코 하루미(北村春美)가 불러 히트했던 <눈물의 연락선>이란 노래를 서투른 일본어로 한 곡 뽑았다.

미야코 하루미는 한국계 가수로서 당시 일본 가요계의 정상을 달리고 있었다. 하필 한국계 가수의 이 노래를 부른 것은 나름대로는 다른 의미도 내포한다고 생각했기 때문이었다. 자리를 함께한 사람들은 박수를 아끼지 않았다. 남에게 친절과 찬사를 아끼지 않는 그들의 성격이 그대로 잘 드러났다.

그들은 내가 노래를 잘한다면서 "앙코루, 앙코루"를 연발했다. 나는 이 한 곡밖에 모른다면서 사양했다. 그들의 의례적 찬사를 알기 때문이었다. 그래도 한 곡만 더 부르라고 졸랐다. 그 칭찬에도 계속 사양하기는 좀 그랬다. 아는 것도 별 없는데 무슨 노래를 부르지?

할 수 없이 가라오케 노래집 책장을 열었다. 그리고 내가 아는, 아주 오래전에 잊었던 옛 노래를 거기서 발견했다. 고가 마사오가 작곡한 <누가 고향을 생각하지 않으리>였다. 1940년대 가요계를 선풍적으로 휩쓸었던 곡이다. 자신이 없었지만 기억을 더듬어 불렀다. 역시 박수였다. 하마자키 부장은 이 노래를 알지만 그의 부하들은 모르는 것 같았다.

"어떻게 이런 노래도 다 아세요?"

"50년대와 60년대 초까지 한국에서도 이 노래를 즐겨 부르는 사람들이 더러 있었어요. 그때 배운 노래죠."

그는 신기한 모양이었다.

"고가 마사오는 해방 전 서울에서 선린상고를 졸업했어요. 서울에서 작곡도 했고 기타도 썩 잘 쳤고, 그래서 한국 사람들에게도 아주 친근하고 익숙한 그의 노래가 많았지요."

사람은 역시 눈에서 가까워야 마음에서도 가까워진다는 말을 실감할 수 있었다. 그 뒤로는 그들과 국제전화로 서로 안부를 물으며 사이좋게 지내게 되었다.

일본 무사가 길을 틔우면
행렬은 시작된다.

시모노세키, 2005

1부 조선통신사 400년 만에 부활하다

경계인 60년의
할머니들에게
고국 방문의 길
열어주다

　시모노세키 행사 이야기가 나온 김에 다음 해에 있었던 일을 하나 더 보태고 싶다. 시모노세키의 다음 행사는 2005년 8월 20일 토요일 오후. 행렬을 펼치는 거리와 식후행사가 열리는 장소는 전 해와 같았다. 행렬 출발행사 전 조선통신사 상륙기념비 앞에 헌화를 하는 것까지도 같았다. 그런 의식을 치른 다음에는 행렬재현.
　그러나 그해의 행사에다 내가 특히 방점을 두려고 하는 데에는 나름대로 이유가 있었다. 그해는 1945년 해방을 맞은 뒤 꼭 60년째 되는 해였다. 그런 해에 걸맞은 한일 교류사업은 없을까. 있다면 그런 일을 하는 것도 의미가 있을 것 같았다.

그런 생각을 하는데 나의 머리를 스치는 것이 하나 있었다.

그해의 바로 한 두어 해 전인 것 같았다. 우연히 부산 일본 총영사관의 지원으로 부용회 할머니들을 돕는 최병대 씨를 만났던 일이 있었다. 그것이 계기가 되어 그 부용회와 회원들의 생활을 살펴봤던 기억이 머리에 떠올랐던 것이다.

부용회는 해방 전 한국인과 결혼하거나 또는 일을 찾아 한국에 나와 살던 일본인 부인들 모임의 이름이다. 그들은 어느 날 갑자기 찾아온 해방으로 제때 일본으로 돌아갈 수 없게 되고 말았다. 어떤 분은 단신으로, 또 어떤 분은 가족과 함께 부산에서 귀국하려다가 귀국선이 끊겨 돌아가지 못하고 가족과 떨어져 혼자 사는 분들이 대부분이었다. 부산서 떨어진 곳에서 살다가 전쟁이 끝나자 귀국하려고 부산까지는 왔지만 퇴로가 막혀 주저앉게 된 분들도 있었다. 말하자면 사고무친의 이산가족인 셈이었다.

스무 살 때 시작된 비극이었다고 해도 아직 살아 있는 사람들은 모두 60년 이상을 경계인으로 망향의 정을 다독이며 여든을 넘겨버린 노파들이었다. 한국말은 아직까지도 서투르며 대부분이 궁색한 삶을 이어가고 있었다. 1939년 24살 때 남편을 따라 나와 부산에 정착하게 된 회장인 쿠니타 후사코 할머니는 내가 방문한다니 같은 처지의 사람들 몇 명과 함께 자기 집에서 나를 기다리고 있었다.

아흔을 넘긴 듯한 나이에도 할머니들 몇 분은 단정한 복장을 하고 쿠니타 회장의 집으로 와 있었던 것이다. 그들은 말을 할 때는 꿇어앉아서 했다. 편히 앉으라고 해도 생활습관이 그러니 꿇어앉는 것이 편하다고 했다.

내가 고국이 그립지 않냐고 운을 뗐더니 눈물을 글썽이는 분도 있었다. 아직까지도 그들은 고국에 대한 말만 들어도 망향의 그리움을 씻지 못해 눈 가장자리가 함초롬히 젖었다. 고국을 그리며 살던 할머니들은 나이의 벽을 넘기지 못해 해마다 사망자들이 늘어나고 있다고 했다. 아차, 부질없는 질문을 해 남의 심기를 건드렸구나, 그때의 기억이 선명했다.

그때 그분들이 퍼뜩 머리에 떠올랐던 것이다. 몽매에도 고국을 그리워하는 그들에게 이 기회에 시모노세키 구경이라도 시켜드리자. 그리고 한일 관계 개선을 위한 우리의 노력을 보여주자. 부산과 지리적 조건이 비슷한 시모노세키인데 우리 교민인들 거기 없었을 것인가. 이번 기회에 그분들도 부산으로 초청해 전쟁으로 폐허가 되었던 조선이 아니라 발전된 대한민국 모습을 보여드리자. 나는 가슴이 뛰었다.

부산을 떠날 때 우리는 부용회 할머니 일곱 분과 동행하게 되었다. 그 가운데 여섯 분은 모두 시모노세키가 고향이 아니었다. 그러나 그들이 그렇게 그리워했던 고국 땅을 며칠만이라도 밟을 수 있게 해 주는 것만으로도 한일 민간교류에 큰 진전의 의미가 있는 일이 아니겠는가.

관부연락선이 개통된 1905년부터 100년, 해방이 되고 60년, 1970년 6월 부관페리호 재취항 이후 30년 만에 그들은 이른바 관부연락선에 몸을 싣고 평생을 그리워하던 고국을 향해 떠나게 되었다. 그들을 싣고 부산항을 떠난 호화여객선은 우리나라 선박인 성희호. 1만 6,800톤이 넘는 큰 배다. 1천 톤 남짓에 11시간 만에 바다를 건넜던 당시의 석탄연료 화객선에 비하면 선체가 10배나 컸다. 대한해협의 거친 파도를 건너는 항해 시간도 여섯 시간이면 넉넉했다. 배가 크니 멀미도 거의 없어 한잠 자고 나면 시모노세키였다.

배가 부산항 방파제를 벗어났다. 식사를 끝낸 할머니들을 임시로 마련한 강당으로 모셨다. 시모노세키시와 공동으로 마련한 '한일 만남의 광장' 현지 공연을 위해 같은 배를 탔던 무용단이 그들을 위해 무용공연을 했다. 색소폰 등 악기를 만질 줄 아는 사람들도 무대에 올라 옛 일본 동요를 연주해주었다. <붉은 잠자리>라든지, <저녁노을> 같은 옛날의 일본 동요가 연주될 때는 훌쩍거리는 소리도 들렸다.

대동아공영권을 꿈꾸며 쳐들어 와 우리나라를 식민지로 만들었던 나라 사람들에게 과도한 예우라는 말이 나올 만도 했다. 옳은 말이다. 그러나 나는 생각이 좀 달랐다. 어떤 면에서 보면 그들 역시 국가 지도자의 거대한 착각과 오판의 피해자일 수도 있다. 침략의 야욕과 자신과는 실제로 아무런 관련성이 없는 사람들이었다. 그런 개인을 상대로 국가적 비극

부용회 회장 쿠니타 후사코 할머니 외에는 사진 찍히기를 싫어했다.

에 대한 앙갚음을 하려고 든다면, 또 개인에게까지 과거의 원한에 묶여 저주를 하게 된다면 우리는 더 좋은 미래를 향해 서로 손을 잡고 협력하면서 함께 살아가기는 어려워진다. 거기에는 원한의 재생산만 있을 뿐이다. 그런 것들을 우리가 솔선해서 풀어야 한다는 것이 내 생각이었다. 조선통신사의 정신도 그러하지 않았는가.

돌이켜 보면 임진왜란 때도 우리 국토의 60%가 도요토미 히데요시의 침략에 의해 황폐해졌다. 잔혹을 극했던 인명 살상은 그 어디에서도 명확한 통계마저 찾아볼 수 없을 정도로 우심했다. 그렇다고 침략국 일본이라고 피해가 없었던 것은 아니다. 전국의 청년들이 조선침략전에 끌려와 죽고 병신이 되는 바람에 농촌에서는 농사가 어려울 지경에 빠지게 되었던 것이다.

전쟁은 누가 이겨도 결코 완벽하게 이길 수 없는 것이 속성이다. 그 비극과 상처를 그대로 뭉개면서 다시 전쟁을 획책하거나 복수전에 국력을 자투리도 남기지 않고 쏟아붓는 짓이 과연 옳은 짓인가. 증오는 증오를 낳는데도 계속 증오심만 부추기고 있을 것인가.

400년 전에도 이런 질문은 있었다. 그 답을 찾아 사명대사는 단기필마로 일본으로 건너갔다. 당시의 실력자 도쿠가와 이에야스와 담판을 했다. 그리고 그에게서 침략전을 할 생각이 없음을 확인했다. 임진왜란에 가담했던 쓰시마 번주 소 요시도시도 전쟁을 종식시키고 한국과 일본은 평화적인 교류를 해야 한다고 끊임없이 주장해오고 있었던 때였다.

일본이 조선에 대한 침략 의사가 없음을 확인한 뒤 비로소 조선통신사 일본 왕래의 길이 열렸다. 그래서 200년에 걸쳐 평화의 기틀을 다지게 되었다. 그리고 두 나라 문화교류의 길도 트였던 것이 아닌가? 그것이 전례다.

일본 땅 시모노세키에서 조선통신사 행렬을 재현하려는 것도 이런 정신에 바탕을 뒀기 때문이었다. 고향 상실의 비극을 적나라하게 보여주고 있는 부용회 할머니들을 고국으로 모시는 것도 그런 점에서 의미 있는 행사라고 확신했던 것이다. 그들에게 고국 방문의 기회를 이렇게 마련해주는 것을 누가 인도주의적인 저사가 아니라고 할 것인가. 나는 그런 생각을 하며 이 일을 결행했다.

여객선 터미널에는 시모노세키 민단이 태극기를 들고 나와서 이분들, 부용회 할머니들의 고국 일본 방문을 뜨겁게 환영했다. 환영 나온 민단 사람들은 시모노세키에서 살고 있는 같은 처지의 우리나라 할머니들이 조국을 방문할 수 있도록 희망자를 찾고 있는 중이라고 했다. 분쟁이 세계를 덮고 있는 세상에서 이런 만남이 이루어지고 있는 현장은 감동이 파도가 되어 출렁거렸다.

귀국길에는 선상공연으로 위로와 즐거움을 안겨드렸다.

2부
조선통신사 여정 따라 동경으로 향하다

사람들은 전쟁의 재발을 막고 평화를 지켜내기 위한 외교가
얼마나 힘든 일인지 그때까지는 잘 몰랐다.
그러나 죽을 고비를 넘기며
일본 땅에 상륙한 사행원들은 비로소 사경을 넘은
보람과 평화의 소중함을 뼈가 저리게 느꼈다.

유네스코 세계기록유산
달마절로도강도 達磨折蘆渡江圖 | 1640년대
김명국 金明國 | 국립중앙박물관 소장

해신제 끝내고
일본에 이르면
환영 인파가
길을 가득 메우고

조선통신사 문화사업회는 해를 거듭하면서 행사의 보폭을 넓혔다. 2005년 단체 이름이 '조선통신사 문화사업회'로 바뀌면서 더욱 그랬다. 그러면서 일본의 수도 동경을 향해 수순대로 걸음을 옮겨 나갔다.

한양을 출발한 조선통신사 일행은 대한해협을 건너야 하는 긴 여정의 이동을 시작했다. 중간 여러 곳에서 휴식도 취했다. 일본을 향한 첫 출발지 부산에 이르면 바다를 무사히 건너기 위한 준비에 들어갔다. 일본에서 만나게 될 사람들에게 줄 선물도 준비하고 물까지도 넉넉하게 사행선에 실었다. 출발 전에는 동래부사가 마련한 화상대찬에 초대됐다. 꽃

병에 꽃까지 곱게 꽂은 만찬 상 위에는 먹음직스러운 음식이 가득했다. 건강과 행운을 비는 전별연이었다.

출발의 날이 가까워지면 영가대에서 해신제가 열린다. 특별한 제단을 마련하고 올리는 엄숙한 행사였다. 이 행사에서는 조선통신사가 험한 바다를 건널 때의 안녕을 해신에게 빈다. 조선통신사 문화사업회는 이 행사가 원형에서 변형된 것이 되지 않도록 철저한 기록 조사와 전문가들의 자문을 거쳤다. 결국 그 원형은 1719년 조선통신사 제술관 신유한(申維翰)이 쓴 『해유록(海遊錄)』에 기록된 것을 바탕으로 삼기로 했다.

원형 복원에 아무리 집중해도 제사상에 쓸 제수음식은 계절적으로 당장에 구하기 어려운 것도 있었다. 그런 것은 대용물을 쓰지 않을 수 없었다. 예를 들자면 사슴 육포와 같은 것이다.

그 당시 제사상 복원을 책임진 부산 요리학원 원장 이경희 박사는 신유한의 해신제 기록대로 사슴 육포를 구하기 위해 강원도 사슴 농장까지 갔었다. 그러나 거기에서도 그것을 구할 수가 없었다. 사슴 육포를 놓을 자리를 비워 두냐 어쩌냐를 논의했다. 비워 두기보다는 소고기 육포를 대신으로 써서라도 그 자리를 채우기로 했다. 2006년 해신제의 제수품 가운데 사슴포 대신 소고기 육포가 오르게 됐던 까닭이다.

신유한의 『해유록』에는 제사용 국그릇을 도자기 사발로 썼다고 기록돼 있다. 국조오례의에 따른 성균관 의례대로 유기그릇을 써야 했지만, 갑자기 유기그릇을 구할 수가 없어서 그랬다고 했다. 제사상 복원 책임자인 이경희 박사는 또 회의까지 열었다. 성균관 의전대로 유기그릇을 쓸 것인가, 아니면 해유록의 기록에 따를 것인가를 논의하기 위해서였다. 회의 끝에 결국 신유한의 기록에 충실하기로 했다. 그래서 당시 조선통신사가 도자기 그릇을 썼던 그대로 도자기 그릇을 쓰기

해신제에서는 여러 제수음식으로 정성껏
상을 차리고 조선통신사의 무사 안녕을 기원했다.

로 했던 것이다. 이런 경우는 이 밖에도 가끔씩 있었다.

논의와 고증을 거쳐 정성들여 장만한 해신제 제수음식은 이런 과정을 끝낸 뒤 제사상에 진설되었다. 제사상은 국조오례의의 준칙을 따랐다. 중앙 앞쪽에 한자로 쓴 대해신 신위(大海神 神位) 위패를 설치했다. 민가의 제사상처럼 홍동백서의 순서로 제수음식을 진설하지 않고 국조오례의 지방제의에 따라 29가지 제수음식이 제사상에 진설되었다.

찹쌀과 기장쌀이 상 위에 얹히고 미나리 김치, 무김치, 정구지 김치, 죽순 김치(비생산 계절에는 제외), 사슴 젓갈, 생선 젓갈, 대추, 밤, 개암, 호두 등등이 제사상에 올랐다. 진설이 모두 끝나면 흑단령 복장에 은띠를 한 초헌관(정사), 중헌관(부사), 종언관(종사관)이 손을 깨끗이 씻고 알자의 안내를 받으며 제단 위로 오른다. 제술관이나 한의사, 서기, 역관 등등도 헌관의 뒤를 따라 단 위에 올랐다. 군관은 규칙에 따라 단 아래에서 도열했다.

이 행사의 정점은 독자가 대독하기도 하는 초헌관의 제문 봉독이었다. 내용은 '나라와 만백성을 위해 바다를 건너는 이 거룩한 일을 수행하는 사신들을 위해 바다를 다스리는 해신께서는 부디 노여움을 거두어 주시고, 순풍을 내려 주셔서 안전항해가 이루어지도록 간절히 빕니다'라는 내용의 명문이었다. 제가 끝나면 다들 바닷가로 내려가 해신에게 헌식을 한다. 해신제가 이렇게 끝나면 비로소 출항이라는 다음 절차를 기다리게 된다.

출발 일시는 택일로 정했다. 출발 시간은 이른 아침으로 잡힐 때가 많았다. 그러나 출발 시간에 날씨가 흐리거나 바람이 세고, 바다가 험하면 출발은 늦추어진다. 날씨가 좋아져 출발을 해도 오륙도를 지나 대한해협을 건널 때는 바다 한복판이 일렁거리거나 파도가 드셌다.

1763년에 부산에서 일본으로 떠났던 사행원들의 기록이 이를 잘 말해준다. 그때의 정사가 쓴 『해사일기(海槎日記)』를 보면 사행선이 천 길 바다 아래로 내려앉았다가 만 길 하늘로 치솟는 것 같다고 씌어져 있다. 바다를 무시하고 외면하면서 살았던 양반들이 천당과 지옥을 넘나들어야 하는 바다 건너기란 얼마나 공포스러운 일이었을까? 그때의 그들의 심정에 짐작이 갔다.

1763년, 그해에는 유달리 사고가 많았다. 힘겹게 대한해협을 건너 쓰시마가 눈앞이었을 때 느닷없이 돌풍을 만났다. 정사선, 부사선, 종사관선에 타고 있던 양반들은 죽음을 각오해야 했다. 화물선 창고를 둘러보던 선장(기선장)이 무너지는 화물에 치여 중상을 입었다. 상륙해서 치료를 했으나 결국 숨지고 만 끔찍한 일도 있었다. 이런 시련은 이때만 있었던 것은 아니다. 한때는 시모노세키와 가까운 섬 아이노시마에 기항하다가 사행선뿐 아니라 영접 나온 일본 배 수십 척이 태풍으로 크게 파손되기도 했다.

사람들은 전쟁의 재발을 막고 평화를 지켜내기 위한 외교가 얼마나 힘든 일인지 그때까지는 잘 몰랐다. 그러나 죽을 고비를 넘기며 일본 땅에 상륙한 사행원들은 비로소 사경을 넘은 보람과 평화의 소중함을 뼈가 저리게 느꼈다. 행렬이 시작되면 환영 인파가 거리를 가득 메웠다. 거리가 비좁아 밖으로 나올 수가 없으면 담장 안에서까지 머리를 내밀고 화려한

조선통신사선 모형도. 일본 후쿠오카현에 있다.

행렬을 향해 손을 흔들며 반겼다.

　그들에게는 조선통신사 행렬을 구경하는 것이 별천지를 구경하는 것이나 같았다. 일본에서는 도저히 볼 수 없는 화려하고 긴 행렬이 눈앞을 지나가는 모습은 마냥 신기했다. 특이한 복장으로 북을 치고, 붕붕 나각을 불며 지나가는 모습을 보지 않고는 도저히 견딜 수가 없었다. 이런 행렬을 보기 위해 사람들은 행렬 도착 몇 시간 전부터 길가에다 자리를 잡아 진을 치고 행렬이 지나가기를 기다리고 있었다.

　어떤 지역에서는 행렬 뒤끝에서 사행원들의 짐 보따리를 나르는 짧은 바지에 짚신을 신은 일본 사람들이 줄을 이어 따라가는 모습도 보였다. 같은 일본 사람들인데도 행렬 속에서 보는 그들의 모습은 신기해 보였다.

　죽을 고비를 건넌 뒤 최초의 상륙지 쓰시마에서 항해의 피로를 푼 사행원들은 바다가 잔잔한 날을 택해 다시 이끼라는 섬을 향했다. 쓰시마에서 가까운 곳이다. 잠시 그 섬에 들른 사행원들은 휴식을 취한 뒤 역시 바다가 잔잔한 날을 택해 일본 본토가 가까운 후쿠오카의 아이노시마라는 작은 섬을 향해 힘겨운 출발을 해야만 했다.

　아이노시마는 너무 작은 섬이어서 사행원들이 쉴 숙소도 없었다. 그렇기에 보안상으로는 오히려 최적지, 번주는 사행원들의 도착 예성을 1년이나 1년 반쯤 전에 연락을 받는다. 그러면 맨 먼저 이 섬에다 사행원들이 쉴 객사부터 지었다.

목수들은 우물까지도 새로 팠다. 사행선이 안전하게 접안할 수 있도록 섬사람들을 동원해 방파제도 만들었다. 사행원들의 영접 준비에는 이렇게 번마다 경쟁적이었다. 막부 장군의 엄한 지시 때문이었다.

이런 일들의 그늘에는 재미있는 에피소드도 더러 있었다. 아이노시마 사람들은 돼지를 기르지도 않았고 돼지고기를 먹지도 않았다. 그러나 사행원들이 돼지고기를 좋아한다는 연락에 현지 관료들은 사행원 도착 반년쯤 전부터 먼 곳에서 돼지를 구해 와 섬 건너편 육지에다 돼지 우리를 치고 돼지를 사육했다. 그런 돼지가 얼마쯤 자란 뒤에는 돼지 우리를 뛰쳐나와 온 산을 헤치고 다녔다. 그러다가 새끼를 쳐 무리를 지어 돌아다니며 농작물을 못 쓰게 만들어 사람을 괴롭혔다는 이야기는 지금도 노인들 입에서 건너다니고 있다.

이렇게 극진한 준비에도 사행원들이 도착하면 머물 곳이 넉넉하지 않아 하급 선원(격군)들은 정박해 있는 사행선에서 숙식을 해야만 했다.

사행원들은 아이노시마를 떠나면 한나절도 채 걸리지 않아 시모노세키에 도착한다. 대한해협을 건너는 위험한 항해는 여기서 모두 끝난다. 환대 속에서 시모노세키에서 며칠을 지내면 막부 장군이 있는 에도를 향해 일본 본토 안에서의 긴 여행이 시작된다. 그렇다고 평탄한 육로만 열리는 것은 아니었다.

호수 같은 바다 지나
산도 돌고 강도 건너

시모노세키에서의 일정이 끝나면 사행단은 또다시 멀고 먼 여정에 오른다.

바람 좋고 개인 날에는 한나절이면 가미노세키에 이를 수도 있다. 시모노세키(下關)가 일본 본토에 이르는 아래쪽 관문이라면 가미노세키(上關)는 위쪽 관문이다. 그러나 이곳은 비교적 작은 마을이고 접안시설도 넉넉하지 않아 사행원들은 대개 잠시 머무는 곳으로 생각했다. 그런데도 불구하고 온 동네 사람들이 선착장을 고치는 등 손님맞이에 정성을 다했다. 감동한 사행원들은 떠나는 날을 연기하면서까지 그들과 교류를 하기도 했다.

가미노세키 사람들이 그때 조선통신사들과 두었던 바둑놀이에 대한 이야기는 지금도 설화로 구전되고 있다. 그러면서 자기네 동네가 조선통신사로부터 대륙문화를 일찍 받아들인 곳이라는 데 대한 긍지를 잃지 않고 자랑한다. 조선통신사와 관련된 행사는 지금도 계속하고 있다.

　가미노세키를 떠나면 금방 세도나이카이 바다가 눈앞에 펼쳐진다. 일본 본토와 남쪽의 아주 큰 섬 시고쿠 사이의 그다지 넓지 않은 바다가 세도나이카이다.

　이곳으로 들어와서 오사카 쪽으로 방향을 잡으면 좌우 바다 사이로 산과 산이 길게 산맥을 이루고 있다. 모두가 절경이다. 이곳의 바다는 언제나 잔잔하다. 좌우로 즐비한 해변의 경승지는 여행의 지루함을 잊게 한다. 필력 좋은 사행원들은 절경을 아낌없이 시에다 담았다. 수행화원들은 그 절경을 몽땅 화폭에다 옮겨 놓기도 했다.

　가미노세키를 떠난 일행은 바닷가 마을들을 징검다리로 하여 시모카마가리에 이른다. 마을 이름에서 알 수 있듯, 원래 이곳은 사람들이 해초를 뜯으면서 생활했던 외진 곳이었다. 이곳 역시 다른 곳과 마찬가지로 조선통신사 영접을 위해 지방정부인 번으로부터 많은 물량을 지원받아 영접시설을 제대로 갖추게 된 곳이기도 하다. '고치소이치반칸'이라는 영접시설이 대표적이다. 이 시설 안에는 그 당시 조선통신사를 접대했던 요리의 모양을 원형대로 만들어 지금도 전시하고 있다. 이곳은 그래서 관광지로도 널리 알려져 있다.

히로시마현 구레시 시모카마가리 고치소이치반칸 자료관의 전시물

그때 바위에 새겨진 조선통신사들이 쓴 시는 지금도 섬의 명물이 되어 있다. 사신들이 마셨던 술은 이곳의 특산주(향토주)로 널리 알려져 애주가들이 선호하는 관광상품으로도 인기가 높다.

이곳을 떠난 사신들은 도모노우라라는 바닷가 마을에 도착한다. 시모노세키와 오사기의 거의 절반 지점이다. 지금은 히로시마현 후쿠야마시에 소속된 해변 마을이다. 만이 깊고

◆ 조선통신사 숙소 후쿠젠지의 대조루
◆◆ 1748년 사행원 홍경해가 쓴 이 현판은 지금도 도모노우라 누각에 걸려 있다.

말발굽처럼 생긴 데다 바다는 잔잔한 곳이다. 건너편 산이 바람도 막아준다. 이곳은 해상교통이 좋아 한때는 부유한 곳이었다.

조선통신사는 이곳 후쿠젠지라는 절에서 머물렀다. 후쿠젠지의 누각 현판은 1748년 자제군관으로 동행했던 홍경해(洪景海)가 들물과 날물을 보면서 '대조루(對潮樓)'라고 쓴 글씨를 새긴 것이 그대로 남아 있다. 후쿠젠지는 이렇게 역사 깊은 절이었으나 오랜 세월에 낡아 한 때 중수가 불가피하게 된 일이 있었다. 천장에서 비가 샐 정도였다고 한다. 이런 사정을 알게 된 오사카 민단에서 예산을 지원해 절은 옛 모습 그대로 깨끗하게 복원되었다고 전한다.

지금은 관광명소로 제 몫을 다하고 있는 이곳의 '대조루' 전망대, 바다가 보이는 쪽 누각에 '일동제일형승(日東第一形勝)'이라는 편액이 도리에 세로로 붙어 있다. 힘이 들어 있는 글씨다. 1711년 종사관이었던 이방언이 쓴 것이다. 이곳 사람들은 이런 명필 유산을 가지고 있다는 것을 크게 자랑하고 있다. 그리고 이곳이 경승지임을 수백 년 전 조선 선비가 입증해주었다는 것에 대단한 자부심도 가지고 있다. 관광객 유치에도 큰 역할을 하고 있다는 것이다.

필자도 10년도 더 전에 친구들과 함께 이곳 도모노우라에 들른 적이 있었다. 두 번째였다. 그때 후쿠젠지에 대해서 아는 대로 열심히 친구들에게 설명도 했다. 저녁에는 일본에서 귀한 우리 유산을 만날 수 있게 해줘 고맙다면서 친구들이 한턱 냈었다. 작은 마을이지만 음식은 입에 맞았다는 기억이 새롭다.

사행원들은 좋은 날을 택해 이곳을 떠나 다시 바닷길로 동쪽을 향해 방향을 잡는다. 절경을 소재로 그림도 그리고 시도 짓는다고 바닷길의 고단함도 잠시 잊는다. 도모노우라를 떠나 조금 더 항해하면 세도나이카이의 끝자락 작은 마을 우시마도에 이른다. 연중 기후가 온화한 곳이다. 지금은 세도우치 시에 병합됐지만 20여 년쯤 전까지만 해도 독립된 자치마을이었다.

이 마을은 해마다 가을이면 '에게해(Aegean Sea)축제'를 열었다. 기후가 좋고 풍광이 아름답다고 해서 동지중해 에게에서 축제 이름을 따왔다. 이 행사의 하이라이트는 역시 조선통신사 영접이었다. 놀라운 것은 행사 중 조선통신사가 가르쳐준 춤이라며 어린 아이 두 명이 고깔을 쓰고 '가라코 오도리'라는 조선 춤을 추는 부분이었다.

필자가 보기에는 조선 춤과는 좀 다른 것 같았는데 현지 주민들은 오랜 세월에 변형된 것일 뿐, 조선통신사들에게서 배운 춤이 틀림없다고 했다. 신유한의 『해유록』에도 이곳에서 이런 춤을 춘다는 기록은 보인다. 그러나 소년들이 추는 춤이 과연 원형 그대로 전수된 것인지 고증할 길은 없었다.

이곳에는 조선통신사선 모형까지 전시하는 '해유문화관'이 있다. 신유한의 '해유록'에서 따온 이름이다. 규모는 작지만 마을 주민들이 서로 교류행사도 하고, 조선통신사를 이해하기 위해서는 아주 적당한 장소 같았다. 그 문화관 뒤쪽에는 혼렌지라는 절이 있다. 조선통신사가 묵었던 곳이다. 뒤뜰에 있는 이끼와 잡초가 뒤엉긴 작은 못이 절의 정취를 아름답게 했다. 조선통신사들이 여기서 묵을 때는 이 못에 모기가 얼마나 많았던지 밤이면 모기소리가 소낙비 소리 같다고 기록한

한일 문화교류 무대에서 선보인 가라코 오도리 공연

사행원도 있었다.

　얼마 전부터는 세도우치시가 우시마도와 합병하고 난 뒤 조선통신사 행사도 모두 받아들여 좀 더 큰 규모로 행사를 치르고 있다. 행사 때에는 부산의 조선통신사 관계자들도 초청한다. 부산 행사 때에는 세도우치 시장을 비롯한 이곳의 여러 관계자들이 참가하고 있다. 거기에다 그곳 시장은 한일 문화교류 행사에도 특히 큰 관심을 가지고 있는 분이다.

　문화교류 행사에 관한 에피소드 하나. 그분은 얼마 전에도 주민투표에 의해 다시 선출된 시장이다. 2022년 현재 60대다. 워낙 활동적이고 적극적이어서 주민들에게 인기가 있는 분이라고 한다. 이름은 다케히사 아키나리. 코로나로 양국 왕래가 막히기 전이었던 지난 2018년 가을, 조선통신사 기록 유산 유네스코 한일 공동등재 1주년 기념 축하 행사 때도 그는 시청 관계자들과 함께 부산에 온 일이 있었다.

　그때 주최 측에서 그에게 축사를 요청했다. 그랬더니 무대에 오른 그는 느닷없이 축사 대신 축가를 하겠다고 했다. 장내에서 박수가 나왔다. 그는 목소리를 다듬은 뒤 거침없이 <오솔레미오>를 불렀다. 다시 박수가 터졌다. 조선통신사 행사를 매개로 굳어져 있던 한일 문화교류도 이렇게 하나씩 체질을 바꾸어 나가고 있는 것 같았다. 알고 보니 그는 상당히 훈련된 테너였다.

오사카의 가장 큰 절이
사행원들의 숙소가 되고

 이곳을 떠난 사행선은 드디어 오사카에 이른다. 바닷길이 완전히 끝나는 곳이다. 사행원들이 땅을 딛고 가는 육로의 사행길은 여기서 시작된다.

 배에서 내린 사행원들은 땅을 밟으며 숙소로 이동한다. 뱃머리에서 숙소까지의 길 위에 행렬이 이어졌음은 앞에서 이미 말한 대로다. 3사 등 주요 인물들은 '니시혼간지'라는 큰 절에서 머문다. 승려들은 사행원들이 떠날 때까지는 그들의 불편을 덜어주기 위해서 잠시 다른 곳으로 옮긴다. 그래도 협소하면 다른 사행원들은 니시혼간지의 분원인 쯔무라 분원 등으로 분산해 머문다.

 사행원들이 숙소로 이동할 때 이 소문을 들은 주민들은 구경을 위해 길가 빈터를 가득 메웠다. 구름 같은 환영 인파에

통신사의 숙박지인 니시혼간지 쯔무라 별원

밀려 자리를 잡을 수 없을까 걱정한 주민들은 새벽 일찍부터 길가에 나와 방석을 깔아두는 등 자리 잡기 경쟁을 하는 진풍경을 보이기도 했다. 자리를 잡아놓고도 갑자기 구경을 못하게 된 사람은 비싼 값에 잡아 둔 자리를 팔기도 했다.

일본 최대 항구도시 오사카는 사행원들이 지금까지 보아온 바닷가 마을과는 여러 가지로 크게 달랐다. 생각 밖의 큰 화물선(키다마에 부네)들이 돛대를 높이 세우고 바닷가에 즐비하게 정박해 있었다. 중심가는 한양의 육조거리보다 넓어 보였다. 길가의 으리으리한 집, 즐비한 잡품 가게, 책을 팔고 사는 생각 밖의 서점, 빨간색 등을 처마 끝에 달고 있는 술집

치쿠린지 뒤뜰에 있는
소동 김한중의 비석

은 지금까지 일본 어디에서도 볼 수 없었던 진풍경이었다. 화려하게 보였다.

오사카는 육로가 시작되는 곳이다. 그러나 에도에서 국서를 전달하고 답서를 받은 사행원들이 귀국할 때는 이곳은 다시 길고도 지루한 바닷길이 시작되는 곳으로 변한다. 그만큼 이곳에는 조선통신사와 관련된 이야기도 많다.

1763년에는 사행원 최천종(崔天宗)이 귀로에 이곳 절에서 일본인에게 피살된 일도 있었다. 그는 사행원들의 질서를 담당하는 도훈도라는 직위를 가진 사람이었다. 오랜 바닷길에 시달린 김한중(金漢重)이라는 소동도 이곳에서 병을 얻어 높은 사람들을 모시고 에도로 가지 못하고 홀로 절에 남아 가료를 받다가 사망하기도 했다. '치쿠린지'라는 절에는 그가 혼자서 투병하다가 쓸쓸하게 죽었다는 방, 그의 죽음을 애도하며 절에서 세워준 비석은 요즘도 누구에게나 공개되고 있다. 절 옆 마츠시마라는 공원지역 안에는 조선통신사를 기리는 비도 세워져 있다. 1763년과 4년 사이 일본을 다녀온 정사 조엄이 쓴 『해사일기』나 서기 성대중(成大中)이 쓴 『일본록(日本錄)』을 참고하면 이런 당시의 사정을 좀 더 자세하게 알 수 있다.

 2004년 10월 10일, 조선통신사 문화사업 추진위원회는 바로 이 도시 오사카에서 대대적인 조선통신사 행렬재현 행사를 펼쳤던 일이 있다. 기억에 생생한 것은 아마도 그때 우리 부산의 행렬팀이 오사카에서 행렬을 재현하면서 딛고 지나가는 땅, 그 발자국은 400년 전 조선통신사가 딛고 지나갔던 바로 그 땅의 그 발자국 터를 겹쳐 밟으며 지나간 것이 아닌가 하는 감상에 젖었던 일이다.
  국제도시 오사카에서는 그 무렵 매년 '미도스지 축제'라는 대규모 국제 축제 행사를 했다. 우리도 그 행사에 참가 신청을 했다. 외국팀이 대규모 행사팀을 이끌고 와서 행사를 풍성하게 해주겠다는데 주최 측으로서는 마다할 이유가 없었다.

우리는 그해 100명도 넘는 행사단을 이끌고 이 행사에 참가했다. 이런 대규모 국제행사에서 큰 성공을 거두기 위해서는 온힘을 쏟지 않을 수 없다. 오사카의 중심가 미도스지에서는 100미터도 훨씬 더 되는, 거의 200미터 길이로 행렬을 펼쳤다. 펄럭이는 깃발 아래서 취타대가 북 치고, 장구 치며 행렬을 이었다.

사람들은 이런 이색풍경에 눈길을 걷어내지 못했다. 조선시대의 높은 사람들로 구성된 화려한 3사의 가마가 일본 무사들의 안내를 받았다. 조선 군관들의 경호 속에 일본 무사들의 안내를 받으며 100명도 훨씬 넘게 긴 행렬을 이루며 지나가는데 어떻게 호기심 없을 수 있었겠는가.

두말할 것도 없이 이 행사는 대성공이었다. 우리를 초청한 주최 측도 만족해했다.

이 행사는 도쿄에서 가까운 시즈오카 출신 중의원 하라다 요시츠구 씨도 비행기를 타고 날아와 참관했다. 그는 그때 일본 측 일한 조선통신사 의원연맹 간사였다. 나와도 상당한 친분관계가 있는 사이였다. 그는 1988년 서울 올림픽 때는 NHK 서울 특파원으로 근무한 일이 있어 중의원 가운데서도 대표적인 한국통이었다. 정의화 전 국회의장, 부산진구 출신 이성권 전 국회의원과도 교류가 빈번했던 분이다.

오사카까지 와서 우리의 행사를 관심 있게 살펴 본 하라다 요시츠구 의원은 여러 가지로 감명을 받았던 모양이다. 행사가 끝난 뒤 미도스지 중앙대로변 2층 커피숍에서 나와 함께 커피를 마시면서 조선통신사 왕래 400주년이 되는 2007년을 전후해서 도쿄에서도 이런 행사를 꼭 해야겠다고 했다. 나로서는 고마운 일이었다. 한국통이어서 그런지 그는 조선통신사 행사에 특별히 관심이 많았다.

한편, 오사카를 떠난 조선통신사는 곧장 목적지 교토를 향했다. 피로를 제대로 풀지도 못한 강행군이었다. 강행군이라고 한 데에는 이유가 있었다. 문장가인 어느 제술관의 경우 종이를 내밀며 글씨를 써달라는 방문객들의 부탁을 거절하지 못해 일필휘지를 휘두르다가 밤을 꼬박 새웠다. 새벽 닭이 홰를 칠 때까지 잘 수가 없었다고 술회했다. 많은 사행원들이 엇비슷했다. 피로하지 않을 수 없었다.

오사카를 떠날 때는 사행단의 식구가 단출해진다. 이제 사행선을 타야 할 이유가 없어졌기 때문이다. 그래서 사행선은 모두 부두에 묶어두었다. 자연히 뱃일을 하는 격군들은 배에 남게 되었는데, 그 수는 백여 명이 넘었다.

파도도 없고 바람도 덜한 육로라고 사행원들은 평탄한 길만 걷는 것이 아니었다. 지금은 오사카와 교토 사이에 전철도 있고 버스도 있어 두 도시는 바로 옆 동네다. 그러나 그때는 이동을 시작한 뒤 얼마 뒤 강을 건너고 들판도 지나야 했다. 일행은 오사카를 벗어나기 바쁘게 요도강이라는 얕은 강부터 먼저 건너야 했다. 그러나 짐을 지고는 건널 수 없었다.
　에도 막부는 조선통신사들이 강을 쉽게 건너도록 바닥이 얇고 평평한 배를 준비시켰다. 그러고도 강바닥을 준설해서 짐을 나르는 배가 바닥에 얹히지 않도록 신경을 썼다. 그 강은 지금도 '바닥을 파낸 강'이라고 부르기도 한다. 특별히 준비한 이 배로 강을 건너고 들판을 지나면 얼마지 않아 교토 부근에 이르게 된다.

지식에 반하고
묵향에 취하고

　우리나라 경주와도 비슷한 도시, 푸른 역사가 이끼에 어린 곳이 교토다. 요도강을 건넌 3사는 교토 근처에 이르면 행렬 준비를 위해 근처 절에 잠시 들른다. 거기서 입고 있던 편한 옷을 예복으로 바꿔 입는다. 군관은 군관 차림으로, 취타대는 취타대 복장을 하는 등 천황이 있는 곳이기에 사행원들은 예를 갖추고 교토에 입성하기 위해서였다. 행렬은 교토의 한복판, 널따란 주작대로에서 펼쳐진다.

　접반승은 3사가 오사카를 떠나 교토로 향할 때도 정성스럽게 안내를 담당한다. 접반승은 조선의 사정에 밝고 학문에도 깊이가 있는 승려다. 조선통신사를 안내하는 일을 전담하기 때문에 때로는 동행하면서 여러 가지 일본에 대한 정보도 제공해주고 자문도 했다.

접반승의 안내를 받으며 교토에 이르지만 3사는 이곳에 있는 천황을 예방하지는 않는다. 에도성에 버티고 있는 실질적 권력의 일인자 막부 장군(쇼군)이 형식적이고 상징적인 권력자 천황을 조선의 고위직인 3사가 예를 갖추고 먼저 알현한다는 것을 좋아하지 않을 것 같아서였다. 또 쇼군이 조선통신사를 초청했고, 국서 교환의 상대자도 쇼군이라는 점 때문이기도 했다. 접반승이 알아서 천황 예방을 일정에 넣지도 않았다.

교토에 이른 사행원들은 여기서도 큰 절에 들어 여장을 풀고 휴식을 취했다. 기요미즈데라 등 일본 안에서도 대표적인 대찰과 고찰이 많은 곳이 교토다. 이곳을 들를 때마다 사행원들은 숙소를 바꿔가면서 큰 절에서 며칠씩 쉬기도 했다. 어떤 절에서는 사행원들을 극진히 모신다고 본당의 불상마저 다른 곳으로 옮기고 그 자리를 숙소로 제공하기도 했다. 부처님께 죄송하다는 생각에 잠을 제대로 이루지 못했다는 사행원의 에피소드가 지금껏 전해지고 있다.

명승지이자 역사의 고도 교토라고 사행원들에게 안식의 시간이 무진장 주어지지는 않았다. 방문객을 맞고, 의학 상담을 위해 우리 한의를 찾아 온 일본 한의를 맞아 서로 의학지식을 교류하기도 했다. 이때『동의보감(東醫寶鑑)』의 치료법이 일본에 전파되었다.

교토의 큰 절 가운데는 '쇼고쿠지'라는 절이 있다. 식민지 시절 일본으로 건너간 윤동주 시인이 공부했다는 도시샤대학이 바로 그 절의 옆에 있다. 쇼고쿠지에서도 사행원들은 역시 편히 쉬지 못했다. 뒤쪽에 위치한 절 지쇼인에서 사행원들은 그곳 승려들과 밤을 지새우며 대화를 주고받기도 했다.

1711년 조선통신사가 이 절에 도착했을 때도 학식이 높은 그들과 우리 사행원들이 밤을 꼬박 지새웠다. 그러면서 동양의 예의범절이나 도덕에 대해서도 서로 견해를 밝혔고, 논전을 펴기도 했었다. 그 가운데 자연스럽게 유교적 도덕관, 윤리관이 일본에 전해지기도 했다.

'지쇼인'은 원래 '다이도쿠지'라는 유명한 절이었는데 1490년이었던가, 그때 명칭이 지쇼인으로 바뀐 절이다. 조태억 정사가 갔을 때 이 절의 주지 벳소는 당대의 지식인이었

통신사와 관련된 시문을 많이 소장한 쇼고쿠지

다. 조태억 정사도 지식이나 시문에서는 한 발도 뒤지지 않는 맞수였다. 둘은 밤늦게까지 시문을 주고받았다.

주지 벳소는 특히 조선통신사에 관심도 많고 인연도 깊은 승려였다. 1682년에는 쓰시마까지 가서 윤지완(尹趾完) 정사를 비롯한 조선통신사 일행을 안내해 온 접반승이기도 했었다. 그만큼 조선통신사를 잘 아는 승려였다. 그때 이 절에 들렀던 윤지완 정사는 물론 제술관, 서기까지도 밤이 새는 줄을 몰랐다. 글로 의사소통을 하느라 그랬다. 조태억 정사가 이 절에 들렀을 때의 부사는 임수간, 종사관은 이방언, 제술관은 이현이었다. 이들도 모두 당대의 뛰어난 문사였다. 이런 문사들을 만난 벳소가 이들과 필담을 즐겨하지 않을 수 없었다. 그때 주고받은 필담, 시문들은 지금도 이 절에 고스란히 보관돼 있다.

2007년 여름 어느 날 쇼고쿠지를 들렀던 나는 동행한 학회 몇 분과 함께 이 절 지쇼인을 방문했던 일이 있다. '조선통신사 옛길을 따라서'라는 연고지 순방 계획에 따라 그 절에 들렀을 때였다. 그때 동행한 사람들은 단국대 사학과 김문식 교수, 부산대 한태문 교수를 비롯, 동아대 초빙교수이자 국제신문 논설고문 최화수 씨, 행정과 재무를 담당한 조선통신사 문화사업회 송수경 씨, 통역 이소미 씨 등등이었다.

한태문 교수가 더위에 지친 나에게 여기까지 와서 쇼고쿠지만 들러서는 안 된다며 지쇼인에도 꼭 들르자고 했다. 그래도 나는 그냥 다음 행선지로 출발했으면 싶었다.

"위원장님, 이곳에는 꼭 가봐야 합니다. 그냥 지나쳐서는 절대 안 될 곳입니다."

필담창화 전문가가 꼭 가봐야 한다는데, 어쩌랴? 지쇼인을 찾아 쇼고쿠지 옆 숲 그늘을 따라 뒤쪽으로 조금 걸어갔다. 얼마쯤 가자 '지쇼인'이란 절 이름이 보였다. 보통 집 문패와도 같이 자그마한 것이 현관 기둥에 세로로 붙어 있었다. 벨을 누르자 주지가 기다렸다는 듯 반갑게 우리를 맞았다. 부산을 출발하기 전 송수경 씨가 이미 지쇼인에 방문 예정일까지 통보했던 상황이었다. 이 계획을 결재하면서도 나는 지쇼인 방문 계획을 눈여겨보지도 않았고 그 중요성도 몰랐었다. 그래서 날씨도 더운데 지쇼인 방문은 건너뛰고 다음 방문지로 어서 갔으면 했던 것이다.

히사야마 다케아키 주지가 우리를 기다리고 있었다. 사전에 연락을 받았기 때문이었다. 시원한 차를 내놓으면서 그는 지쇼인의 역사, 조선통신사와 관계를 친절하게 설명해주었다. 나는 비로소 이 절이 예사로운 절이 아님을 알게 되었다. 주지의 설명을 들으면서 일본에서의 조선통신사 역할에 대해서도 새삼 느끼고 배우는 것이 많았다.

"조선통신사와 교류를 하면서 붓글씨로 남겨 놓은 것들이 지금도 이 절에 잘 보관돼 있다고 들었습니다. 그런 묵적도 좀 보고 싶습니다."

"예, 미리 옆방에다 준비해 놓았습니다. 차부터 한잔씩 드시고 땀을 식힌 뒤 그쪽으로 모시겠습니다."

차를 마신 뒤 옆방으로 들어서던 우리는 모두 눈이 휘둥그레졌다. 한지 두루마리가 다다미 방 위에 수두룩하게 쌓여 있어서였다. 사행원들과 이곳 스님이 주고받은 글의 내용이 적힌 이른바 '한객사장(韓客詞章)'이라는 것이 이것이었다. 그림과 글씨를 쓴 부채까지 쌓여 있어 양을 헤아려 보지는 않았지만 예상했던 것보다는 훨씬 많아 보였다.

그뿐 아니었다. 글씨와 그림으로 꾸며 만든 병풍도 즐비하게 벽에 붙어 서 있었다. 그 글씨와 그림에는 사행원들의 호가 적혔고 낙관도 볼 수 있었다. 그렇지만 호나 낙관만으로는 그 주인공이 누군지 알 수가 없었다.

"지금까지 이런 병풍이 있다는 것이 밖으로 널리 알려지지는 않았습니까?"

흥분하며 병풍의 그림과 글씨를 카메라에 열심히 담고 있는 한 교수에게 물었다.

"일부는 알려졌습니다. 그렇지만 병풍의 자세한 내용까지는 몰랐습니다. 아주 귀한 자료가 분명합니다. 저 혼자라도 이 절에 며칠 머물면서 내용을 좀 살펴보고 싶습니다."

그 말을 듣는 순산 머리를 스치는 것이 있었다. 이 귀중한 것들을 도록으로 발간해 조선통신사 연구자들에게 제공해주면 그들이 여기까지 올 것도 없고 연구에 얼마나 큰 도움이 될 것인가.

이미 1년 전 시즈오카의 세이켄지라는 유명한 절을 방문했을 때 거기서 본 사행원들의 그림과 글씨를 도록으로 펴낸 일이 있었다. 그 기억이 되살아났던 것이다. 이번에도 조선통신사 문화사업회가 지쇼인에 보관되고 있는 이 '한객사장'을 발간하면 좋겠다고 마음을 굳혔다. 이 말을 들은 한태문 교수의 얼굴에는 반가운 표정이 넘쳤다. 자신의 전공에 좋은 자리를 펴주기 때문이 아닌가 생각되었다.

도록을 발간하는 일은 여간 손이 잡히는 일이 아님을 세이켄지 도록을 펴면서 알았다. 할 일이 태산 같은 사무국 근무자들에게 또 하나 무거운 일을 맡게 해 미안하다는 생각이 들었다.

히사야마 다케아키 지쇼인 주지는 이 귀한 자료를 도록으로 발간해 한국과 일본에 있는 조선통신사 연구자들에게 자료로 제공해주면 좋겠다는 나의 제의에 선뜻 동의해주었다. 귀국하자 즉시 이 일은 착수됐다. 조선통신사의 이와 같이 귀한 기록들은 세계적인 기록유산으로 남길 가치도 충분하다고 생각했다.

지금까지 밖으로 잘 알려지지 않았던 화원의 그림까지도 이곳에 보관되어 있었다.

1711년
사행원들의
작품 속에서
발견된
괴원 변지한의
〈산수도〉

다시 에도를 향한
긴 행렬 이어지다

　교토를 떠나기 전 사행원들은 이곳에 있는 이총(비총)을 방문했다. 지금의 히가시야마 지역에 있는 귀와 코 무덤이다. 임진왜란과 정유재란 때 도요토미 히데요시(豐臣秀吉)는 조선인 귀를 전리품으로 상납하라고 명령했다. 그 명령에 따라 소금에 절인 12만 9천 개의 조선인 귀와 코가 오사카를 거쳐 이곳으로 보내졌다. 그 무덤이 이총이다. 한 사람에게 귀는 두 개니 코를 보내라고 명령을 다시 내려, 뒤에는 코를 보내기도 했다. 비총은 그래서 붙여진 이름이다.
　그런 이총이 세워진 것은 1643년. 높이 9미터로 된 지금의 이 무덤 비석에는 귀무덤이라는 '이총'과 코무덤이라는 '비총'이 입석에 함께 한자로 새겨져 있다.
　이 무덤 앞에서 사행원들은 술을 잔에 따르고 향불을 피운 뒤 전쟁으로 코와 귀를 베인 사람들의 명복을 빌었다. 아무리 힘들어도 이런 비극적 전쟁이 재발되지 않도록 하겠다는 마음다짐을 하면서 사행원들은 다시 행렬을 다듬고 교토를 떠나 에도로 향했다.

도중에 바다보다 깊은 호수 '비와코'를 끼고 있는 오미 하치만이란 곳에서 쉬었다가 곧 히코네라는 곳에 이른다. 여기서도 에도로 가는 길은 아직도 멀고 험하다. 피로를 다 풀지도 못한 채 사행원들은 잠시 쉬었던 큰 절의 분원을 떠난다.

임진왜란 때의 귀무덤

때로는 앞길을 막는 강도 건너고, 산을 넘기도 했다. 풍광이 아름다운 오미 하치만을 떠나도 여전히 갈길은 아득했다.

이곳을 떠나면 이내 좁다란 길을 만난다. 폭이 5미터 정도나 될까? 그런데 이 길은 이상하게도 오가는 사람들이 없다. 조선통신사만 지나갈 수 있게 해준 길이기 때문이다. 왜 보통 사람들은 다니지 못하게 했던 길일까. 그리고 유독 조선통신사만 이 길을 지날 수 있도록 해줬던 것일까.

이 길이 유명한 '조선인가도'다. 조선통신사만 지날 수 있게 한 길, 그 자체는 그다지 길지는 않다. 이 길은 원래 쇼군만 다니는 길이었다고 한다. 이 길을 거쳐야 에도에 이르기 쉬워진다. 일본의 중심지를 종관하는 '나카센도'라고 부르는 길에 포함된 조선인가도는 원칙적으로 보통 사람들에게는 통행금지되었다고 한다. 나카센도라는 말은 중산도(中山道)라는 말로 본토의 중간을 따라가는 길이라는 뜻이다. 보통 사람들은 에도로 갈 때 전장 41km에 이르는 이 길을 모두 통과할 수는 없어 동해 쪽의 길, 이른바 '도카이도'를 많이 이용했다. '도카이도'는 나카센도보다는 거리가 길고 사람의 왕래도 잦은데다 바닷가 곡각도로도 많았다고 한다.

그런데 왜 조선통신사에게만 이 길을 지날 수 있도록 허용해주었던 것일까?

그것은 쇼군을 알현하고 국서를 전달하는 조선의 귀한 사절단이 지나가는 길이었기 때문이다. 조선의 왕이 주는 국서를 전달한 뒤 쇼군의 답서를 받아가는 이런 사절단에게 최상의 우대를 하기 위해서 이 길을 열어줬던 것일 뿐이다. 조선인가도라고 이름 지어진 길은 일본 안에서는 이 길이 유일한 것으로 알려져 있다.

물론 류큐국(지금의 오키나와)도 사행단이 무리를 지어 에도를 방문하고 쇼군을 알현하기는 했다. 그러나 그 사절단과 조선통신사는 방문 목적과 성격이 달랐다. 류큐국은 소국이 대국 일본에게 조공하는 것이 방문 목적이었다. 그들은 이 길을 지나지 못했다고 한다.

조선통신사는 임진왜란 이후 일본의 초청에 의해서 방문을 시작했다. 처음에는 전쟁 때 잡혀갔던 포로를 데리고 오는 것이 방문의 목적이자 명분이었음은 앞에서 말한 바 있다. 뒤에 그 명분이 변질돼 차세대 쇼군의 탄생을 축하하는 것으로 되기는 했지만, 이 기회를 통해 두 나라가 평화를 위해 함께 노력하자는 국서를 교환했다. 그리고 민간교류를 통해 대륙의 문화를 일본에 전해주기도 했다. 그랬던 것이 조선통신사가 특별한 대우를 받게 된 이유라면 이유다.

중간에 사행원들이 들렀다가 가는 곳은 많았다. 한양에서 일본으로 갔다가 되돌아가는 거리는 약 4,700㎞였다고 하니, 쉬었다 가는 곳이 어찌 많지 않았겠는가. 전 과정을 모두 이해하려면 각송 사행록에 기댈 수밖에 없다.

에도에 이르는 길에서 있었던 일, 민간교류의 내용 등을 살펴보기에는 이 책 한 권으로는 부족하다. 그렇긴 해도 기억에 남는 잊을 수 없는 일을 조금만 더 보태고 조선통신사 문화사업회, 그리고 이 사업회의 일을 이어받은 부산문화재단의 조선통신사 한일 문화교류사업으로 눈길을 돌리고자 한다.

오미 하치만의 조선인가도

기록유산의 보고인
세이켄지에 들르다

사행단은 이렇게 오랜 시간을 거쳐 이동해야 에도에 가까워진다.

에도에 이르기에 한 발 앞서게 되면 편안한 마음으로 절에서 여장을 푼다. 방문객들이 부탁하는 그림도 그려주고, 한시를 붓으로 써서 주고받기도 한다. 방문을 끝내고 되돌아올 때도 마찬가지였다. 그런 곳이 시즈오카의 경관이 뛰어난 곳에 자리잡고 있는 '세이켄지'라는 절이었다. 날이 좋으면 후지산도 보이고, 눈앞에는 순푸만 안에서 반짝이며 출렁이는 바다도 보였다.

내가 이 절을 방문한 것은 2006년 여름이었다. 앞에서 말한 바 있는 전 NHK 서울 특파원 하라다 요시츠구 의원의 초대를 받아서였다. 그는 조선통신사 시즈오카 방문 400주년을 기념하는 행사를 2007년에 이 도시에서 펼쳐 보이고 싶어 했다. 시즈오카 현립대학 김양기 교수와도 이 문제로 깊게 논의한 바도 있다면서 시즈오카를 방문하도록 초청한 것이었다.

김양기 교수는 일본 안에서 조선통신사를 연구한 드문 한국인이기는 했다. 나도 그분을 한번 만나보고 싶어 하던 차였다. 그러나 하라다 의원의 생각대로 일본에 거주하는 그분과 논의하여 한국과 연계된 행사를 개최하는 것은 그렇게 간단한 일은 아니었다. 일정과 예산 등 여러 가지 사정이 뒤따르는 탓이었다. 그래도 그는 나를 초청해주었다.

시즈오카시를 방문한 당시 나는 별 준비도 없이 시즈오카 상공회의소 강당에서 강연을 하게 됐다. 강연 준비는 된 게 없다고 했는데도 그는 장소까지 예약해 시민들에게 공지를 해놓고 있었다. 나의 사양을 겸손 정도로 생각했던 모양이다. 그런 호의를 끝까지 냉담하게 거절할 수는 없었다. 급조한 강연 내용은 '조선통신사 일본 방문 400주년을 기념하는 것이 오늘의 한일 관계에서 어떤 의미가 있는가?'였다. 그 자리에는 김양기 교수도 참석했었다. 강연이 끝나고 처음으로 나는 그분과 인사를 나누게 되었다.

그런 일이 있고 난 뒤 김양기 교수와는 자주 연락을 주고받았다. 몇 년 전 그가 세상을 떠날 때까지 시즈오카에 가는 기회가 있을 때마다 그와 만나 조선통신사에 대한 이야기를 주고받고는 했다. 그는 제2의 고향이 된 시즈오카와 조선통신사와의 연계 문제에 대해서도 많은 노력을 했던 분이다.

강연이 있었던 그날, 후지산이 환히 보이는 산상 호텔 만찬회에는 하라다 의원, 고지마 켄기치 시즈오카 시장, 김양기 교수, 상공회의소 관계자 등 몇 사람이 자리를 함께했다. 고지마 시장도 조선통신사에 대해 비상한 관심을 가지고 있었다. 그는 또 한국 안에서 유일하게 조선통신사 문화활동을 전개하고 있는 부산도 방문해보고 싶어 했다.

이튿날, 김양기 교수의 안내를 받아 하라다 요시츠구 의원과 함께 시내 중심지에서 동쪽으로 좀 떨어진 곳, 오키쯔라는 곳에 있는 오래된 절 세이켄지를 방문했다. 조선통신사가 쉬었던 유명한 절이다. 배산임해의 절경에 자리 잡은 절, 계단을 오르면서 정문을 바라봤다. 정문 위에 '동해명구(東海名區)'라고 가로로 쓴 편액이 나를 내려다보고 있었다.

1711년 왜학상통사로 이곳에 왔던 현덕윤(玄德潤)의 글씨라고 김 교수가 설명해주었다. 편액 왼쪽 아래에는 글을 쓴 사람이 금곡거사(錦谷居士)라고 적혀 있고 낙관도 보였다. 나는 현덕윤은 알고 있었지만 금곡거사가 누구의 호이며, 누구의 낙관인지 그때까지는 모르고 있었다.

"아, 현덕윤 선생의 글씨군요."

반가워서 절 안으로 들어가려다 말고 편액 아래 서서 다시 '동해명구'라는 글자를 하나씩 꼼꼼하게 뜯어가며 살펴봤다.

◆ 세이켄지의 편액과 현판들
◆◆ 세이켄지의 '동해명구' 현판과 전경

모르긴 해도 힘 있는 글씨 같았다. 뜻밖에도 그의 글씨를 부산과는 뚝 떨어진 여기서 만나다니 놀랍지 않을 수 없었다.

금곡거사 현덕윤은 초량왜관의 '성신당'이란 학당에서 제자를 가르치는 훈도였다. 그 무렵 왜관으로 와서 조선말을 배운 쓰시마의 학자 아메노모리 호슈와도 깊은 교류가 있었다. 뒷날 아메노모리 호슈는 조선과 일본은 이웃 나라로서 성신교린(誠信交隣)을 해야 한다고 주창했었다. 이 말은 서로가 속이지 말고, 믿으며 싸우지 않아야 좋은 이웃이 될 수 있다는 유명한 말이었다. 한일 관계에서 이 말은 지금도 금과옥조로 여겨지고 있다.

1990년 노태우 대통령이 일본을 방문했을 때 궁중만찬 인사에서 아메노모리 호슈를 언급한 일이 있었다. 한일 관계가 어수선한 때였다. 그런 때 한일 두 나라는 아메노모리 호슈의 정신을 이어받아 서로 속이지 않고 신뢰하며 싸우지 말고 교류를 해야 한다고 했던 그의 말을 인용했던 것이다. 그때까지는 잘 알려지지 않았던 아메노모리 호슈는 그런 일이 있고 난 뒤 한국과 일본에서 일약 평화주의자로 널리 알려지기도 했다.

현덕윤이 그런 사람과 깊이 교류했다면 그가 평소 한일 관계에 대해서 어떤 생각을 했던 사람인가에 대한 짐작은 어렵지 않았다. 그가 당시 뛰어난 일본통이었고 조선통신사 사행원으로서 일본을 두 번 오갔다는 것은 기록을 통해서 나도 알고는 있었다. 그런 그의 글씨를 이 세이켄지에서 만나다니.

그런 생각을 하면서 그의 편액 밑을 지나 세이켄지 안으로 들어갔다. 놀랍게도 맞은편 건물과 오른쪽 종루, 본당 입구 여기저기에 조선통신사들의 글씨를 새긴 편액들이 수두룩하게 걸려 있었다. 대부분이 널따랗고 두툼한 판자에다 글자를 각인한 것들이었다. 거무스름하게 변색된 것이 오랜 세월을 견뎌낸 것임을 한눈에 알 수 있게 했다. 경내를 걸어가면서, 가끔은 걸음을 멈추고 서서 편액과 현판들을 바라보았다. 절 안이 마치 명필 전시장 같았다.

"경요세계(瓊瑤世界)라고 쓰인 저것은 1643년 독축관으로 여기 왔던 박안기(朴安基)의 필적입니다. 그러나 저기에는 이름은 없고 그의 호인 나산(螺山)만 적혀 있었어요. 경요세계는 아름다운 세상이라는 뜻이죠. 이곳의 경치가 얼마나 좋았으면 저런 글을 남겼겠습니까? 흥국(興國)이라고 쓰인 저 편액은 1655년 정사 조형(趙珩)이 여기 왔을 때 쓴 것이고요. 저런 글씨를 보면 일본 사람들이 조선 선비들의 그때의 글솜씨와 깊은 교양에 얼마나 감탄했던지 쉽게 짐작할 수 있지 않겠습니까?"

심양기 교수는 뜰에서 볼 수 있는 현판들을 하나씩 친절하게 설명해주었다. 나도 이름만 듣던 그분들의 글씨를 여기서 만나니 새삼 반가웠다.

접객실로 우리보다 먼저 들어갔던 하라다 의원이 주지와 함께 현관 앞에서 우리를 기다리고 있었다.
"잘 오셨습니다. 저는 이 절의 주지 이치죠입니다."
그의 안내를 받으며 널따란 접객실 안으로 들어갔다. 다탁에 차가 준비되어 있었다. 다탁 한쪽에는 사진을 넣는 큼직한 액자 같은 것이 쌓여 있었다.
"시즈오카는 일본 안에서도 차로 유명한 곳입니다. 차와 인삼은 조선통신사에 의해서 재배가 본격화되었다는 말도 있지요."
시즈오카가 일본 안에서도 차로 유명한 곳임을 이미 알고 있었다. 그러니 인삼이 그렇다는 말을 들으니 놀라웠다. 주지가 저어주는 말차는 역시 일품이었다. 말차를 맛있게 다 마셨다.
"불당으로 안내하겠습니다. 같이 가보시지요."
그는 우리 일행을 불당 쪽으로 안내했다. 복도를 지나 불당 앞 계단을 오르니 눈에 확 들어오는 것이 있었다. 복도와 불당을 구분하는 문 위의 도리에 가로로 길게 붙어 있는 현판들이 그것이었다. 그런 현판은 벽에도 걸려 있었다. 현판마다 한시가 가득가득 적혀 있었다.
'아, 말로만 들어오던 것이 바로 이거구나.'

그것들을 보는 순간 머리가 쭈뼛해졌다. 한시를 음각하거나 양각한 현판은 만든 지 그렇게 오래지 않은 것 같았다. 벌레나 좀이 쏠지 않고 누구나 쉽게 읽을 수 있도록 한 이 현판에는 모두 투명한 피막을 입혀 놓았다. 한학자도 아닌 나로서는 그냥 봐서는 뜻을 알 수 없었다. 김양기 교수도 한시를 완벽하게 번역하기는 쉽지 않다고 했다.

"이거 촬영을 좀 해야겠네요."

하나씩 차례로 핸드폰 카메라에 담았다.

"모처럼 귀한 분이 오셨으니까 우리가 보관하고 있는 조선통신사가 남겨 놓은 다른 서화도 보셔야죠. 파손이나 곰팡이 같은 것이 끼어들까 걱정스러워 창고 안에 두고 일반에게는 좀처럼 공개하지 않았던 것들입니다만…."

조금 전 차를 마셨던 방으로 되돌아왔다. 찻잔에다 차를 한 잔씩 붓고 난 뒤 주지는 다탁 위에서 조금 전에 보았던 사진 액자 같은 것을 다다미 방바닥에다 내려놓았다. 그리고 싸두었던 보자기를 풀었다. 사각형 얇은 종이상자가 여러 개 나타났다.

하얀 면장갑을 끼고 난 뒤 주지는 우리에게도 면장갑을 하나씩 주었다.

"혹시 맨손으로 만지게 되면 곰팡이나 세균 같은 나쁜 것이 작품에 묻을 수도 있으니까요."

그는 무릎을 꿇고 앉아 종이상자 뚜껑을 조심스럽게 열었다. 그리고 얇게 싼 종이 표지를 펼쳤다. 순간 나는 눈이 휘둥그레졌다. 조금 전 불당 앞에서 본 현판 시문, 절 입구의 현판 원고가 다른 글씨와 그림들과 함께 차례로 얼굴을 내밀었다.

"상당한 것들은 이미 공개된 것들입니다. 그러나 일반에게 공개되지 않은 것도 있습니다. 학자들이 연구에 필요하다고 하면 부분적으로 공개는 했지만요."

그 말을 듣는 순간 머릿속에 어떤 생각이 떠올랐다. 이것을 모두 우리 조선통신사 문화사업회가 도록으로 발간해 연구자들에게 연구자료로 제공하면 좋겠다는 생각이었다. 이런 내 의견을 들은 주지는 생각 밖으로 쉽게 그것도 좋을 것 같다고 동의했다. 김양기 교수도, 하라다 의원도 아주 좋은 생각이라고 했다.

"출판 비용이 제법 들 것인데요. 자료 정리도 해야 하고요."

이치죠 주지가 내 얼굴을 보며 말했다. 그 비용을 다 감당할 수 있겠느냐는 표정이었다. 그 말을 듣자 나도 생각이 덜컹했다. 잠깐 생각해도 출장 촬영도 해야 하고, 그 어려운 한시를 우리나라 말로 풀어 적어야 한다. 또 일본 학자를 위해서는 일본어로도 번역해야 하고…. 출판비가 얼마나 들어야 할지 모르니 갑자기 넘어야 할 일이 태산으로 나를 덮쳤다.

"생각해보니 이 유산은 우리 절이 보관은 하고 있지만, 시청 사찰 유산 담당자와도 협의를 거쳐야만 될 것 같아요."

말은 쉽게 했지만 주지도 쉬운 일이라고는 느껴지지 않았던 모양이다.

"시청 문제는 우리도 곁에서 도울 수 있으면 돕겠습니다."

하라다 의원과 김양기 교수에게는 이 일이 성사됐으면 하는 표정이 역력했다. 나는 순간 우리의 국내외 행사비를 줄이는 일이 있더라도 출판은 해야겠다는 생각이 들었다. 안 되면 행사 하나를 통째로 줄이더라도 이 일은 해야만 될 것 같았다.

귀국하자마자 이 일을 해보자고 사무국장에게 말했다. 그도 꼭 필요한 일이긴 하지만 역시 예산이 문제라고 했다. 시청 예산 담당관도 자기네들 힘만으로는 쉽지 않을 것 같다고 했다. 나는 허남식 시장을 만났다. 허남식 시장은 그가 부시장일 때 우리 대학 연구소 부지에다 에이펙 정상 회의장을 짓겠다고 협조를 요청한 일이 있었다. 총장이었던 나는 그 중요성을 인식했고, 그래서 일이 잘 이루어졌었다.

허 시장은 어떻든 의미 있는 일이니까 한번 해보자고 했다. 시즈오카에서도 연락이 왔다. 출판은 한국의 조선통신사문화사업회가 진행하되, 출판비는 시즈오카 시에서도 절반을 부담하겠다면서 공동 출판으로 하자고 제의했다. 앞서 고지마 겐키치 시장을 만났을 때 조선 통신사에 비상한 관심을 보이더니 이번 일에도 상당한 흥미를 느꼈던 모양이다.

걱정이 반으로 줄었다. 즉시 사무국장에게 실무 책임을 맡겼다. 좀 미안했다. 진행은 일본어가 전공인 이소미 직원이 맡았다. 사진사를 세이켄지에 보내고, 한자 초서는 어렵잖게 번역을 해내는 경성대학교 한문학과 정경주 교수에게 의뢰했다.

누구도 쉽게 생각하기 어려웠던 『세이켄지 소장 조선통신사 유물도록』은 착수 1년 만에 이렇게 세상에 빛을 보게 되었다. 뒷날 교토 지쇼인 소장 조선통신사 유물도록 출판을 결심했던 것도 이때의 경험이 뒷받침되어서였다.

이 밖에도 조선통신사 문화사업회는 조선통신사 연구에 필요한 중요 자료들을 계속 발간했다. 특히 기록해야 할 중요한 출판물 가운데 하나가 『조선통신사 행렬도록』이다. 2005년 김경화 국장이 조선통신사학회 한태문, 박화진 교수 등과 협조하며 펴냈던 도록이다. 이 도록은 국사편찬위원회가 소장하고 있는 두루마리 행렬도로서, 조선통신사 행렬의 처음부터 끝까지가 고스란히 그려져 있다. 1711년 행렬 모습을 온전히 파악할 수 있게 한 것이 특징이다. 에도를 향하는 등성행렬도, 도중행렬도, 되돌아올 때의 귀로행렬도가 온전히 그려진 것은 달리 찾기가 어려웠기 때문에 이 도록은 그만큼 소중한 것이었다.

이 행렬도 속에는 모두 2,100명이나 되는 사람들이 보인다. 쓰시마 무사들의 선두 호위, 그 뒤에 조선국왕의 사신임을 알리는 청도기, 형명기, 악대, 군관, 역관 등이 정사, 부사, 종사관 앞뒤에 배열되고 그 뒤에는 다시 쓰시마 무사들이 호위를 하는 행렬, 일본 사람들이 사행원들의 짐보따리를 나르

숙종37년행렬도(등성행렬도)

국사편찬위원회 소장

는 모습까지도 자세하게 그려진 귀한 행렬도이다.

뒷날 행렬재현 행사 때에는 이 도록을 크게 참고했다. 도록 속의 복장은 복식 연구가의 연구자료로도 활용됐다. 당시 일본인의 모습, 심지어 거리 풍경까지 드러나고 있어, 조선통신사 연구자들의 연구에는 지금도 여러 가지로 제 몫을 톡톡히 하고 있다.

이 밖에도 조선통신사 문화사업회는 발족과 때를 같이 하여 일본의 조선통신사 연구의 개척자인 신기수 선생이 쓴 『마음의 교류 조선통신사』를 번역 출판했다. 또한 2005년에는 조선통신사학회지를 창간해 지금까지 이어져오도록 지원하고 있다는 것도 조선통신사 문화사업회가 이룩한 업적으로 기록되어야 할 것이 아닌가 한다.

『세이켄지 소장
조선통신사 유물도록』 표지

드디어 도쿄 복판에서
영(슈)기 휘날린 행렬

시즈오카를 지난 조선통신사는 험한 산길을 돌아 도쿄에 이르는 마지막 관문 '하코네 고개'에 이른다. 지금의 시즈오카와 도쿄에 이르는 통로, 카나카와의 접경 지역이다.

일본 열도의 서쪽에서 동쪽 에도에 이르는 이 외길에는 세키쇼라는 검문소가 있다. 당시에는 이곳을 거치지 않고 에도에 이를 수가 없었다. 세관과 검문소의 역할을 겸하는 이 세키쇼는 검색이 까다롭고 엄하기로 소문난 곳이었다. 때로는 여자의 속옷까지 벗기며 검사하는 곳이기도 했다.

그러나 조선통신사가 이 길을 지날 때는 무사통과였다. 막부 장군의 초대로 에도를 방문하는 귀한 사절단이 불편을 느끼지 않도록 안내까지 도맡아주었다. 이 길을 지나 에도성에 가까워지면 조선통신사는 금관조복으로 다시 고쳐 입는다.

그리고 에도성에 입성한다.

2005년, 우리도 한일교류행사를 위해 도쿄까지 갔었다. 국내 여기저기서 다발적으로 전개되는 행사 참여의 일정을 쪼개고 무리를 해서 10월 8일부터 10일까지 도쿄 복판에서 한일 친선교류의 모범적인 행사를 치르기로 계획을 세워 일을 진행시켰던 것이다. 일본 측과 행사 실시에 대한 합의는 물론, 심지어 행렬이 통과하는 중심지의 교통 문제까지도 도쿄도 교통관계자들과 어렵사리 협의를 끝냈다. 에도, 현재는 세계적인 대도시 도쿄, 그 가운데서도 가장 번화한 거리에서 마침내 조선통신사가 행렬을 재현하게 된 것이다.

부대행사로 이 기회에 우리 문화의 진수를 일본 사람들에게 보여줄 수 있도록 프로그램을 다양하게 짰다. 일본 사람들과 어울러 무대에 함께 오르는 계획까지 세웠다. 몇 세기를 뛰어넘은 한일 문화교류의 자리를 펼칠 수 있게 된 것이다. 사무국 직원들도 힘들기는 했지만 신바람 나는 일이었다.

행사를 얼마 앞두고는 행사에 쓰일 도구들까지 컨테이너 편으로 도쿄로 보냈다. 컨테이너 속에는 정사와 부사, 종사관이 탈 가마, 3사의 복장, 군관의 군모와 창, 칼, 그리고 공연에 쓸 북과 꽹과리, 무용수들이 입을 의상 일부와 궁중 공연에 쓸 악기 등이 가득했다.

행사가 시작되는 대망의 10월 8일 새벽이 되었다. 날이 밝아 올 무렵, 행렬을 담당한 허장수 팀장에게서 전화가 왔다.

밖에 비가 오고 있어 오늘 행렬재현은 어려울 것 같다는 청천벽력 같은 연락이었다. 오전에는 비가 계속 온다는 것이다. 날씨가 위태위태하다고 생각은 했었지만 끝내 사단이 날 줄은 몰랐다. 기가 막힐 노릇이었다.

온힘을 다해 100명이 넘는 참가자를 인솔하고 도쿄까지 왔는데 비가 오다니…. 그러나 하늘의 조화를 도무지 어떻게 할 방법이 없었다. 중간에 비가 뚝 멎기만을 기다렸다. 그러나 그것은 끝내 헛된 희망사항이었다. 결국 에도 진입의 핵심 행사인 한낮의 행렬재현은 취소되고 말았다.

긴급히 후속 대책을 세웠다. 원래 계획했던 부대행사인 한일 문화교류 행사를 빈틈이 없게, 그리고 더 치밀하게 실내에서 진행하자는 것이 내용이었다. 계획 실천을 위한 단계별 점검에 들어갔다. 행사는 거의 실내에서 이루어지는 것이었다. 거리에서 펼치려 했던 공연 행사도 그대로 실내로 옮기기로 했다. 좁은 공간이지만 실행에는 이상이 없을 것 같았다.

오후 무렵, 실내 행사는 한국 교민이 가장 많이 살고 있는 신주쿠의 문화회관에서 아무 이상 없이 계획대로 진행되었다. 한국 춤, 사물놀이, 한일 두 나라 사람들이 모델로 출연하는 한일 복식 패션쇼 등이 무대를 화려하게 장식했다. 관객들도 감동의 박수를 쏟아냈다. 그러나 행렬재현을 할 수 없었던 반쪽 행사에 아쉬운 감정까지 지울 수는 없었다.

흐린 날씨는 오후가 돼도 비구름이 오락가락, 행사 진행자들은 끼니도 잊은 채 사방으로 뛰었다. 일이 어긋나면 진행자들은 더 바빠지기 마련, 자원봉사자들의 민첩한 움직임이 감탄스러웠다. 지금 생각해도 그들의 도움 없이는 행사는 어려웠을 것 같다.

신주쿠는 오쿠보역이 있는 곳이다. 오쿠보역은 2001년 부산 출신 한국인 대학생 이수현 군이 술에 취한 일본인을 구출하려다 달려온 전철에 받혀 목숨을 잃은 곳이다. 이 사건이 있고 난 뒤 이수현 군의 살신성인에 감동한 일본 사람들의 한국인에 대한 우호감이 대단히 높아졌고 당시도 그런 때였다. 이수현 군의 고향 부산의 문화단체가 이곳까지 와서 한국의 전통예술을 행사로 보여준다니, 이 행사에 높은 관심을 보이게 되는 것은 자연스러웠다.

오후가 되자 마침내 구름은 조금 높아졌다. 흐릿한 하늘인데도 관객은 공연장 밖 큰길까지 줄을 이뤘다. 행렬재현은 비로 막혔지만 문화교류 행사가 일본의 중심가를 들썩하게 했다. 특히 교민들은 이런 행사를 좀 자주 해달라는 부탁까지 했다.

그러나 우리로서는 임금의 명을 받고 왔다는 것을 알리는 영기(令旗)를 펄럭이며 도쿄 한복판에서 3사가 가로변에 운집한 사람들을 향해 손을 흔들지 못한 것은 못내 아쉬울 수밖에 없었다. 그러나 하늘이 훼방 놓는 일은 어쩔 수 있으랴. 다들 그런 마음을 다독거리며 다음 기회에 도쿄에 다시 오리라 마음먹었다.

　행사를 마치고 무대 청소까지도 끝내니 도쿄의 가을밤은 꽤 깊었다. 스태프들은 그 시간에야 비로소 저녁 식사를 겸한 행사 뒤풀이 자리에 모였다. 오전에는 비도 내렸고 공기까지 서늘했던 날씨였지만 오후의 행사를 치른 뒤에는 모두 땀투성이가 되어 있었다. 생맥주 잔을 높이 들며 건배를 할 때 격려차 이 자리에 잠시 참석했던 나도 함께 잔을 들었다.

　"다음을 약속합시다. 이번 경험을 살려 다음에는 더 완벽하고 모범적인 행사를 이곳에서 꼭 다시 실현합시다. 건배!"

　얼굴에는 모두 피로를 잊은 듯 화안한 웃음이 돌았다. 500CC쯤 될까, 김 국장은 단숨에 맥주잔을 다 비웠다.

　우리가 그렇게 열망했던 도쿄 입성은 드디어 실현됐다. 2008년 10월 24일, 에도 입성 행사 교류축제를 도쿄 한복판에서 열 수 있게 된 때문이다. 그때는 한일 공동 학술 심포지엄도 개최하고 한일 전통의상 쇼도 했다. 조선통신사 에도 입성 400주년이 지나 다시 1년째를 맞은 해의 행사이니, 한일 관계를 우리가 새롭게 출발시킨다는 특별한 의미매김도 했다.

　우리는 2008년 10월 25일 도쿄의 중심지에서 열리는 '니혼바시 교바시 축제' 행사에 국제 퍼레이드 팀으로 초청됐다. 지난번에 단단한 예행연습이라도 한 것처럼 홀가분한 기분으로 당시 행사에 참가했다. 한국 대표팀으로 참가하게 된 우

2005년 도쿄 행사

리는 이 행사를 통해 한국과 일본의 문화교류 활성화를 지향하는 성신교린의 의미를 크게 부각시키기로 했다.

주최 측에서는 행사와 관계된 현장의 모든 문제를 해결해 주기로 했다. 번화가 도로에서 행렬할 때는 효과는 높지만, 늘 문제가 되는 것이 교통차단이었다. 국제적인 이 행사에 참석하는 우리에게 이런 편의를 봐주는 것은 당연하겠지만 그래도 우리로서는 큰 걱정을 덜게 된 것이다. 행사가 빛나게 되도록 신경만 쓰면 됐기 때문이다. 도쿄에 있는 민단본부에서도 조선통신사 도쿄 입성이라는 의미 있는 행사에 가만히 있을 수 없다며 후원단체로 나섰다.

당시 행사는 이틀 동안 실행되도록 계획을 짰다. 행렬행사뿐 아니라 지난번처럼 실외는 물론 실내에서 진행되는 부대공연 행사까지 모두 더 완벽하게 실시하도록 행사를 설계했다.

행렬재현 행사는 오후 2시에 시작됐다. 도쿄에서도 가장 중심가, 그 넓은 니혼바시와 교바시를 연결하는 거리 복판을 선도기가 앞서고 일본 무사가 옛날 복장 그대로 행렬의 앞에서 길을 열었다. 400년 전의 원형 그대로였다. 취타대 뒤에는 '조선통신사'라고 한자로 쓴 횡액판을 들고 가는 사람이 이 행렬이 무슨 행렬인지를 알렸다. 예를 갖춘 다양한 행렬에 이어 정사를 알리는 기가 등장했고 뒤이어 정사 가마가 등장했다. 행렬은 끝이 없는 성 싶었다. 처음 보는 사람들에게는 참으로 신기했을 것이었다.

긴 수염에 금관조복 차림의 3사가 가마 위에 올라앉아 구경꾼들을 향해 손을 흔들었다. 부산의 남산 놀이마당패는 요란한 타악기 소리와 함께 상모를 돌리며 행렬 뒤에서 거리를 휘저었다. 곱게 차린 우리 무용단이 그 뒤를 따르고 있어 동과 정의 어울림이 보여주는 한국적 아름다움을 유감없이 드러냈다. 일본 춤인 '요사코이 오도리' 팀까지 행렬에 가담한, 두 나라가 서로를 의심하지 않고 신뢰로써 교류하자는 성신교린 정신이 그대로 반영되는 행사이기도 했다. 부산에서 이런 행렬을 선보인 바 있지만 도쿄 사람들에게는 처음 보는 진풍경이었다.

특히 당시 행렬에는 도쿄의 한국 교민들이 한복을 입고 행렬의 후미를 장식했다. 대규모 교민들이 이렇게 고국 행사에 참여해 날로 발전하는 고국의 국민임을 일본 사람들에게 내보이게 되었으니, 얼마나 뿌듯했을까. 이 행렬 행사 관람자가 10만 명을 넘었다는 집계도 있었다.

이튿날 저녁, 요츠야 문화회관에서 공연이 열렸다. 당시 일본에서 톱클래스로 가요계를 석권하고 있던 우리나라 가수 김연자 씨도 무대에 섰다. 고국의 행사인 데다 교민들이 대거 참석하는 행사이니만큼 그 비싼 출연료도 사양하며 두 곡만 부르겠다고 했다. 좌석을 빈틈없이 꽉 메웠던 교민들뿐 아니라 일본인 관객까지도 소낙비 같은 박수를 쏟아 부었다.

의외의 반응이 김연자 씨에게 고국에 대한 향수를 자극했던지, 자청해서 한 곡 더 선사하겠다고 했다. 레퍼토리는 자신에게 맡기라고 했다. 추가로 한곡이 끝나자 "앙코루!" 소리와 박수 소리가 한참 동안 끝날 기색을 보이지 않았다. 기분이 고양된 김연자 씨도 사양하지 않았다. 아마도 10곡 가깝게 노래를 더 불러줬던 것 같다.

이번 조선통신사 에도 입성 행사는 그야말로 국경을 넘어서 성신교린의 한마당을 성공적으로 펼쳐 낸 행사였다.

그러나 해당 행사는 유감스럽게도 김경화 국장이 중심에 서서 힘 있게 지휘봉을 쥐지 못했다. 그동안 너무 무리를 해서인지 병을 얻었기 때문이다. 당시 행사를 계획하고 설계하면서 쥐휘봉을 쥐고 흔들던 그의 빈자리가 얼마나 큰지 새삼 실감했다.

후임으로 임명된 사무국장은 실전 경험은 부족했지만 이론과 홍보 전략에는 밝은 분이었다. 행사에 경험이 많은 허장수, 송수경 씨 등이 당시 도쿄 행사의 성공을 위해 똘똘 뭉쳤다. 그동안 경험이 쌓인 행사 조력자까지 총동원, 행사를 그렇게 성공적으로 이끌어갔던 것이다. 오랜 세월과 수많은 경험이 그들을 단단한 전문가로 길러낸 모양이었다. 이어진 국제행사에서도 그들은 조금의 허점도 드러내지 않았다.

그 도쿄 행사에는 귀빈 두 분이 특별히 귀한 시간을 내주셨다. 서울에서 비행기로 날아와 이날 정사역을 기쁘게 맡아

2008년 도쿄 행사

주신 김수한 한일친선협회 회장이 그중 한 분이다. 분장을 담당했던 송수경 씨도 김수한 회장이 이런 역을 담당하게 되어 기뻐했다고 전했다. 또한 권철현 주일 대사도 참석해 축사를 했다. 그는 북경에서 열린 ASEM회의에 주일대사로 참석했다가 돌아오는 길에 곧바로 현장을 찾아 축사를 통해 한일외교의 중요성을 강조했다. 그는 또 조선통신사 행사가 한일 관계 정상화에서 매우 중요하다는 말도 빠뜨리지 않았다. 바쁜 틈을 내서 무리해서 참석해주신 것이다.

그날 저녁의 만찬회는 특히 의미 있는 자리가 되었다. 한국 측에서는 한일친선협회 회장인 김수한 전 국회의장을 비롯, 허남식 부산시장, 한일의원연맹 소속 정의화 의원과 이성권 의원 등 비중 있는 인사들이 참석했다. 역시 일본 측에서도 뒤에 관방상관과 문부교육상이 된 당시 일한의원연맹 일본 측 회장 카와무라 다케오(河村建夫) 의원, 하라다 요시츠구 일한의원연맹 간사를 비롯해서 여러 명의 의원이 참석해 그야말로 정상급 한일 인사들 간 친교의 밤이 되기도 했다.

가와무라 회장은 시모노세키 행사 때 몇 번 만났고, 하라다 의원은 시즈오카에서 강연의 자리를 만들어주었을 뿐 아니라 중의원(일본 국회)에서 조선통신사 400주년의 의의를 의원들에게 강연할 수 있는 기회까지 나에게 만들어준, 이미 나와는 친숙한 관계였다.

김수한 회장은 조선 임금의 친서를 전달하고 일본의 막부 장군으로부터 답서를 받았던 국서 전명식에서, 자신이 친서를 전달했던 일은 평생 잊을 수 없는 추억이 될 것 같다고 했다. 행사를 성공으로 이끈 실무진은 따로 있는데 모두가 나에게 찬사를 아끼지 않았다.

3부
조선통신사

유네스코 세계기록유산
국서누선도 國書樓船圖 | 제작 연도 미상
작자 미상 | 국립중앙박물관 소장

세계무대에 서다

시간에 맞춰 행렬은 출발 준비를 끝냈다.
맨 앞에는 부산의 역동성을 자랑하는
다이내믹 부산(Dynamic Busan)이라고 길게 쓴 플래카드가
오른쪽에서 왼쪽으로 넓게 펼쳐졌다.

연구실적 없는데도
조선통신사 학회장 되다

　재현 행사 초기, 관객의 눈을 크게 뜨게 하는 종류의 이벤트 행사에 맹목이었던 나도 행사를 되풀이해 겪으면서 차츰 눈을 떴다. 그러면서 과연 이것이 조선통신사 문화사업으로 추진해야 할 일의 전부일까 하는 생각도 들었다. 조선통신사 부활의 깊은 의미를 새기는 일이 이와 같은 이벤트 행사로써만 끝나서는 안 될 것 같다는 자각이라면 자각이었다.

　대학에서 총장의 임기도 끝나고 정년을 하게 된 뒤에는 조선통신사에 대해 여유를 가지고 여러 가지를 생각할 수 있게 되었다. 행사의 목적과 가치를 제대로 구현하기 위해서는 조선통신사에 대한 역사적 의미와 가치규명이 학술적으로도 병행되어야겠다는 생각도 하게 되었다.

　행렬재현 행사가 역사적 가치의 정당성을 확보하고, 조선통신사에 대한 바른 이해를 돕기 위해서도 학술적 연구는 반드시 심화되어야 한다는 믿음이 생겼던 때문이다. 그래야 문화 행사가 갖는 참된 가치가 학술적이고 논리적 근거 위에 설 수 있다는 생각에서였다. 본격적으로 조선통신사를 연구하는 학자가 부산에도 없지는 않았다. 그러나 많지도 않았다. 내 생각이긴 했지만 연구의 필요성이 낮아서 그런 것 같지도 않았다. 연구의 중요성이 상대적으로 낮아서 그런 것이 아닌가 하는 생각이 들기도 했다.

『해행총재』에서 읽을 수 있었던 문화교류, 특히 언어가 서로 제대로 통하지 않았던 그때의 사행원들이 일본 사람들과 한자로 글을 써 의견을 소통했던 자료들도 대단히 귀중한 연구 대상이 될 것 같았다. 수행 화가가 그렸던 그림의 미술사적 가치, 수행 의원이『동의보감』을 놓고 일본 의원들과 주고받은 필담 내용 등은 그 가치를 심도 있게 규명할 필요성이 충분히 있는 것 같았다. 그런 성과물도 전혀 없지는 않았다. 그렇지만 그렇게 넉넉하지도 않은 것 같았다. 그런 것은 행사로써 충족, 또는 보완할 수 있는 성질은 아니었다.

조선통신사 연구 실적 색인을 통해 그동안의 정량적 연구 실적부터 살펴봤다. 정성적인 것은 나의 검토 범위 밖의 일이어서 정량적인 것에 국한해서 자세히 살펴봤던 것이다. 서울의 몇 개 대학, 춘천, 청주, 천안, 광주, 심지어 제주에 있는 대학의 교수들도 열심히 연구를 하고 있다는 것을 알 수 있었다.

연구자들 가운데는 소장파 학자가 많았다. 연구 실적이 상당한 일본 학자들도 눈에 띄었다. 그런 연구 성과를 우리가 서로 공유하고, 우리도 좀 더 깊이 있는 연구를 통해 조선통신사 문화 행사의 가치를 학문적인 면에서도 높여야겠다는 생각을 굳혔다. 조선통신사를 중심으로 연구하는 학회의 필요성을 절실히 느꼈던 것이다.

나는 조선통신사 전공 학자는 아니었다. 그런데도 불구하고 부산의 몇몇 연구자를 만나 조선통신사학회를 만들면 어떻겠냐고 물었다. 기왕에 쌓여 있는 연구실적을 보면 학회 결성에는 문제가 없을 것 같아서였다. 내가 그런 의견을 냈던 것은 어디까지나 조선통신사 문화사업회 집행위원장의 자격으로서였다.

조선통신사에 대한 그간의 학술발표회, 또는 심포지엄도 더러 있어왔다. 그 배경의 상당 부분에는 조선통신사 문화사업회가 있었던 것도 사실이다. 행사의 중심이 부산이듯 학회도 부산이 중심이 돼 창립되는 것이 좋을 성 싶다는 의견도 제시했었다. 모두 공감은 했다. 그러나 누구도 창립을 위해 소매를 걷고 앞으로 나서려고 하지는 않았다.

조선통신사의 필담창화에 대한 연구 실적이 많은 대학원 국문학과 후배 교수를 만났다. 그도 역시 학회가 창립되면 뒤에서 총무가 해야 할 일 같은 것은 맡아서 열심히 돕겠다고만 했다. 선배 교수들을 제치고 앞에서 일을 도모하기에는 조심스럽다는 것이었다. 더욱이 그가 하는 연구는 그때로서는 조선통신사 기록물에 대한 문학적 연구가 중심이어서, 자신은 적절하지 않다고 발을 뺐다.

어떻든 문화사업 추진위원회가 첫 행사를 치를 무렵 전후로 두세 번 조선통신사 학술 심포지엄은 있었다. 그때 논문을 발표했던 학자들을 중심으로 총무 일을 맡은 후배 교수가 힘들게 서로 연결, 부산에서 학회는 간신히 태동을 하게 되었다. 학회 창립을 준비하는 모임에는 한국 근현대사를 전공하는 교수까지도 힘을 보태줬다. 고마운 일이었다.

학회지 발간을 염두에 두고 2005년 6월 5일 부산시청 소강당에서 창립총회를 위한 국제학술 심포지엄이 열렸다. 미국 일리노이대학 로널드 토비 교수와 이원순 서울대 명예교수가 기조강연을 했다. 격조 있는 심포지엄이었다. 총장 임기도 끝나고 정년퇴직까지 한 나는 그때는 시간적 여유도 있었다. 그래서 편안한 마음으로 그 행사에 참석, 학회의 출발을 축하하는 인사말도 했다. 조선통신사 문화사업회로 단체 명칭이 바뀐 뒤였다. 조선통신사 문화사업 추진위원회는 앞서 2005년 2월 22일 사단법인 '조선통신사 문화사업회'로 명칭을 바꾼 뒤 3월 22일 문광부로부터 사단법인 설립 허가까지 받은 터였다. 사업 목적이 한결 뚜렷해졌을 때였다.

어려운 여건 속에서도 학회 구성을 위한 연락과 학회지 편집에 앞장을 서준 부산대학교 한태문 교수가 아니었다면 학회 창립은 천연되었을지도 모른다. 조선통신사 학자도 아닌 내가 앞장서서 학회 창립의 불을 지피자 차마 끝까지 이 일을 사양할 수 없어 경성대 사학과 강대진 교수를 비롯, 부경대 사학과 박화진 교수 등 몇몇 교수들이 학회 산파역을 흔쾌히 맡아주지 않았나 생각한다. 어떻든 우여곡절 끝에 탄생한 학회였지만, 이 학회의 연구 성과에 기대어 조선통신사 문화사업도 뿌리가 한층 튼튼해질 것이 분명했다.

그러구러 10년 가까운 세월이 흘렀다. 그 뒤 나는 그런 현장에서는 완전히 떠났다. 그러나 돌이켜보면 기억되는 일들도 많고 많았다.

현장을 떠나기 전, 학회가 태동할 무렵에는 상당수의 기존 학회들은 회원들의 회비로 학회지 발간비를 충당했다. 학회가 다른 방법으로 예산을 만들거나 외부 지원이 있었던 때는 아니었다. 신생 조선통신사학회는 더욱 그랬다. 그러나 조선통신사 문화사업회가 학회지 발간비를 지원하겠다고 나서준 것은 학회지 출판에 큰 힘이 되었다. 이 역시 조선통신사 문화사업회가 해야 할 일이라고 생각했기 때문에 지원이 가능했던 것이다.

조선통신사학회는 이제 훌륭한 학회지를 내고 있는 당당한 학회가 되었다. 그러나 출발할 때는 학회장도 없는 상황이었다. 출발이 가까워질 무렵 나는 부산의 한 대학교 사학과 교수를 만나 학회를 맡아달라고 부탁해봤다. 그러나 손사

래였다. 해야 할 일이 산적한 교수들이 이 일까지 떠맡기에는 무리라고 생각했던지 모른다.

그런 가운데 학회 창립의 모임이 열렸다. 2005년 6월 17일의 일이다. 조선통신사 심포지엄이 개최되던 날 창립총회가 열렸으니까 다른 지역의 학자들도 총회에 참석하고 조선통신사 행사도 참관했었다. 그러나 일부 타 지방 학자를 제외한 거의 대부분은 부산에 있는 학자들이었다. 창립총회의 사회는 부산대 한태문 교수가 맡았다. 발족 준비위원회 총무로서였다.

식순에 따라 임원 선출 차례가 됐다. 서로들 얼굴을 쳐다봤다. 학회장으로 수고해 줄만하다고 생각했던 교수에게서는 학회장을 맡을 기색이 전혀 보이지 않았다. 학회장도 없는 학회라니, 산파역을 자청했던 나로서는 난감한 일이라는 생각이 들었다. 걱정스럽기도 했다. 학회장 선출 차례가 됐다. 여전히 누구도 학회장을 할 생각은 하지 않는 것 같았다.

"문화사업회 집행위원장인 강남주 전 부경대학교 총장님을 회장으로 추천합니다."

창립총회 자리에서 P 교수가 불쑥 나를 추천했다. 황당하다는 생각이 들었다. 조선통신사 연구실적이라고는 하나도 없는 나에게는 학회장을 맡을 수 있는 자격도 없고, 그런 인물도 아니었기 때문이다. 조선통신사에 대해서 아는 것이라고는 관계 서적을 겨우 몇 권 읽어 본 것이 전부였기 때문이기도 했다. 파행적인 일이 일어난 것이다. 사양하지 않을 수 없었다.

"조선통신사학회의 창립을 주도했고, 동북아문화학회 회장도 역임한 분이니, 신생 학회가 뿌리를 내릴 때까지만 그런 경험을 바탕으로 수고해주실 것을 부탁드립니다. 여러분, 좋으시다면 박수로 의결합시다."

사전 모의에 끌려든 것이 아닌가 싶었다. 학회의 필요성을 주장하지도 않았고 회의에 참석하지 않았으면 몰라도, 이런 상황 속에서 계속 꽁무니를 빼기는 어렵다는 생각이 들었다. 떠밀려 팔자에도 없는 조선통신사학회 초대 학회장이 되고 만 것이다. 요즘 같으면 어림도 없고 염치도 없는 일이다. 그러나 그때는 그런 상황이 나를 그렇게 만들었던 것 같다.

"부끄럽습니다. 연구업적이 혁혁한 학자들도 계신데 제가 학회장이 된 것은 염치를 모르는 일이 아닌가 우려됩니다. 그러나 어떻든 학회장의 중책을 떠맡은 이상 다른 학회를 이끌어왔던 경험을 살려 여러분들의 협조를 업고 학회 발전에 노력을 아끼지 않겠습니다."

나의 수락 인사는 간단하게 끝났다. 이쯤에서 박수가 나올 만한데, 장내는 조용했다. 그 틈을 이용해서 나는 못다 한 한두 마디를 더 보탰다. 비로소 내 귀에 박수소리가 들렸다.

조선통신사 학회지 창간호는 기획특집으로 기조강연 내용

한 편, 조선통신사와 한일 문화교류 논문 다섯 편, 일반 논문 한 편을 실었다. 일본인 학자 두 명의 논문, 일본 대학에서 강의하는 한국인 교수 논문이 한 편, 주최국인 한국인 학자 세 명의 무게 있는 논문도 실렸다. 집필에 참가한 학자는 한미일 세 나라나 돼서 국제 학술논문지의 면모를 제대로 갖춘 『조선통신사 연구』 창간호가 얼굴을 내밀게 된 것이다. 2005년 12월 30일의 일이었다.

이렇게 어렵게 출발한 학회는 학회장도 유능한 분으로 바뀌고 해를 거듭할수록 연구업적도 두텁게 쌓아올렸다. 2022년 6월에는 학회지 33호가 발간됐다. 결호 없이 한 해에

◆ 조선통신사학회는 지금까지 이어지며 심포시엄을 열고 학회지를 발간하고 있다.
◆◆ 『조선통신사 연구』 창간호

두 권씩을 꼬박꼬박 발간했으니 이 학회지가 이 분야 학문발전에 기여한 공을 어찌 계량화해서만 말할 수 있겠는가.

특히 조선통신사 기록물을 한일 공동으로 유네스코 세계기록유산으로 등재할 때 학회가 큰 역할을 했다. 일본 학계와 연계하며 결정적인 성과를 올렸기 때문이다. 우리나라에서 이미 세계기록유산으로 유네스코에 등재된 것으로는 『훈민정음(訓民正音)』, 『조선왕조실록(朝鮮王朝實錄)』, 이순신의 『난중일기(亂中日記)』 등이 있다. 이에 비추어볼 때 조선통신사 기록유산의 가치와 비중에 대해서는 더 설명할 필요가 없을 것 같다. 이와 같은 공로만으로도 이 학회 활동은 충분히 평가받을 만하다고 생각한다.

현창회 탄생 산파와
사업회의 일몰, 재생

　두말할 것도 없이 조선통신사 문화사업회가 전개해 온 행렬재현 등 각종 행사는 전국 최상급이었다. 부산을 대표하는 국내 행사뿐 아니라, 일본의 조선통신사 통과 지역 주민들도 자기 동내에서도 실시해보고 싶어 하는 행사가 되었다.
　그러나 나에게는 아쉬운 점도 없지 않았다. 조선통신사 행사가 퍼포먼스로만 기울고 있다는 생각이었다. 이 행사가 역사적으로는 어떤 무게와 의미를 갖는지 학문적으로 규명하고 그 바탕 위에서 우리의 행사가 전개되어야 하겠다는 생각이 늘 머리에서 떠나지 않았기 때문이었다. 학회가 든든한 학술단체로서 각종 행사의 기둥과 뿌리가 되는 조직체가 되어주기를 바리는 마음이 간절했던 것은 그래서였다.
　그래서 탄생하게 된 조선통신사학회는 이 분야의 학문적

연구에 기여한 것이 수두룩했다. 뒷날 조선통신사 기록물을 한일 공동으로 유네스코 세계기록유산으로 등재할 때 학술적 검정을 도맡는 등 학회로서도 역사적 업적에 큰 발자국을 남겼다고 할 수 있다.

이와 함께 조선통신사 행사는 문화사업회 행사나 학회의 학술 활동만으로 만족해서는 안 될 것도 같았다. 목숨을 걸고 일본을 오가며 평화를 일구어낸 조선통신사 사행원의 후손들에게도 자긍심을 심어주고, 서로 연대해서 조선통신사의 의미를 선양하는 사업도 필요할 것 같았다. 그래야 조선통신사 문화사업은 뿌리 깊은 나무처럼 탄탄하게 뻗어나갈 것이었다.

이의 실행을 위해서 나는 2007년 8월 정사로서 쓰시마 행사에 참석한 조동호 옹을 별도로 조용히 만났다. 그는 조선통신사 조태억 정사의 9대 후손으로, 2005년부터 여러 차례 서울과 부산, 쓰시마 등지에서 정사역을 맡아 가마를 탔던 분이다. 그래서인지 조선통신사에 대한 이해는 물론 애착도 대단했다. 나는 그에게 조선통신사 관계자 후손들의 조직을 만들어보라고 권유했다.

귀국하고 난 얼마 뒤 그는 후손들을 찾기가 쉽지 않다고 했다. 조직체가 구성된다면 서로 친목도 도모하고 가문도 빛낼 수는 있겠는데, 이 일의 실무를 맡아줄 사람도, 심지어 만나서 회의를 할 수 있는 장소마저도 없는 실정이라고 했다.

"우선 몇 사람이라도 좋으니 발족부터 하고 보면 어떻겠습니까? 범위는 손쉬운 대로 1607년 이후로 하면 좋을 듯합니다. 임진왜란 직전인 1590년에 황윤길(黃允吉) 정사와 김성일(金誠一) 부사가 전쟁 가능성을 살피기 위해 사행길에 올랐던 일이 있으니, 그분들의 후손까지 포함시켜도 좋을 듯 하고요. 식당에서 만나고 커피숍에 앉아서 차를 마시면서 회의를 하면 어떻습니까?"

조동호 선생은 내 의견에 동의했다. 그러나 여전히 조직이 어려울 것 같았던지 망설였다.

"후손들이 전국에 흩어져 있고 더러는 후손이 끊어지기도 했어요, 거기에다 자신이 후손임을 밝히지 않으려는 분도 있어 그런 분을 찾아내기가 어려울 것 같아서요…."

"시작이 반입니다. 몇 명은 아신다고 했으니 그분들과라도 힘을 합쳐 모임부터 먼저 발족시키고 차츰 규모를 키우면 되지 않겠습니까? 후손들이 있으면 그분들을 우리 행사에도 초청해서 정사, 혹은 부사나 종사관으로 모시면서 선조의 위업을 선양하는 일을 적극 돕겠습니다."

조동호 선생은 그 뒤 연만하신데도 조선통신사 후손들을 찾는 데 무진 애를 쓰셨다. 열 명이 안 돼도 모임은 한번 갖겠다고 전화로 연락을 해왔다.

드디어 그해 11월 7일, 점심시간에 서울 종로구 관수동에 있는 어느 2층 곰탕집에서 발족 모임을 갖는다는 연락이 왔다. 나는 우선 규약 같은 것을 만들어 그 자리에서 통과시키는 것이 좋겠다는 의견을 말하고 발족 모임에는 나도 참석하겠다고 했다.

그날은 비가 왔다. 문화사업회 사무국장도 나와 함께 갔다. 모두 열한 명이었던가 둘러앉아 창립회의를 하고 있었다. 그러다가 부산에서 올라온 나를 보고 다들 매우 반가워했다. 그분들은 잠정적으로 회의 명칭을 '조선통신사 문화회'로 하면 어떻겠냐고 했다. 나는 문화회는 부산에 있는 조선통신사 문화사업회와 변별력이 없으니, 후손들이 선대의 업적과 그 공을 기리는 모임임을 선명하게 한다면 어떠냐고 되물었다. 즉석에서 몇 가지 의견이 나왔다. 나는 선조들의 이름을 빛낸다는 뜻의 '조선통신사 현창회'로 하면 어떻겠느냐고 제안했다.

조선통신사 현창회는 그렇게 해서 탄생했다. 그 뒤 15년의 세월이 지나면서 후손의 범위도 훨씬 넓혀졌고 규모도 커졌다. 그리고 사업의 영역도 크게 확대되었다. 현창회 회원들은 조선통신사가 출발 전에 치르는 해신제 행사에도 초청되고 있다. 조선통신사 문화사업회는 또한 지금껏 일본에서의 행렬재현 행사 때도 1607년부터 1811년 사이에 정사나 부사, 종사관으로 참석했던 분들의 후손을 한두 명씩 모시고 있다.

알고 보니 조선통신사 후손들이 모임 결성에 머뭇거린 데에는 이유가 있었다. 일본에서 큰 공을 세우고 돌아온 사신들 가운데는 당파싸움에 휘말려 굴욕적인 정계 축출을 당했던 사람들도 더러 있었다. 그런 사신들의 후손들은 앞으로 나서려고 하지 않았던 것이다. 그러나 나는 통신 3사가 되었던 것을 알리는 것만으로도 그분들의 명예를 회복할 수 있는 훌륭한 이유가 된다고 생각했다. 그런 인식이 확산하자 현창회 참가자가 차츰 늘어나게 되었던 것이다.

그러나 한편으로 나는 사단법인 '조선통신사 문화사업회'의 법적 지위나 자격에 대해서는 뭔가 늘 아쉬움이 있었다. 사단법인이라는 조직의 견고성 문제가 그것이었다. 매년 부산시의 사정에 따라 사업비가 줄어들지나 않을까 조마조마했었다. 법적 절차가 있기 때문에 사단법인은 해체가 그렇게 쉽지는 않았다. 물론 부산시의 조례도 바꿔야 하는 문제도 있었다. 그렇지만, 기우일지 몰라도 만약 조선통신사 문화사업회가 해체될 경우 부산에서만 이루어지고 있는 전국 유일의 조선통신사 행사가 없어질 위기를 맞을 수도 있기 때문이었다.

조선통신사 기념행사가 없어진다면 부산의 지리적, 역사적, 그리고 문화적 가치 하나가 사라지게 될 것이 틀림없었다. 그렇게 되면 부산문화의 한 모퉁이에서 평생을 살아왔고 이 행사를 처음 시작했던 나로서는 개인적으로도 애석한 마음을 감당할 수 없을 것만 같았다. 거기에다 상당한 기간 동안 조선통신사 행사를 치르면서 훈련된 문화사업회 직원들을 잃는다는 것은 국제교류와 문화활동 진작을 위한 인적 자원의 손실이어서 여간 큰일이 아닐 것 같았다.

부산문화재단 출범과
다양한 활동들

2008년 11월 부산문화재단이 부산시 출연 공기관으로 탄생했다. 이때 부산문화재단 설립 및 운영지원 조례가 공표되었다. 부산시 조례에 의해서 법적, 재정적 보장을 받는 공적 기관이 설립되게 된 것이다. 조선통신사 문화사업회는 같은 문화사업을 하고는 있지만 부산문화재단과는 법적 지위가 달랐다.

부산시는 이 기관 설립을 위한 전담 부서를 꾸렸다. 조례가 통과되자 곧이어 창립총회를 열어 새로운 법인체를 탄생시키는 신속함을 보였다. 그때가 2009년 1월이었다. 나는 그대로 조선통신사 문화사업회 집행위원장으로서 아직 일하고 있을 때였다.

이 기관이 탄생되기 전후로 매스컴들은 부산문화의 컨트

롤타워로 생기게 될 이 기관의 새로운 사령탑이 누가 될 것인가에 상당한 관심을 보였다. 부산에서 발행되는 한 신문의 경우, 새로운 대표는 스스로 문화예술계에서 활동 경력이 있어 전문성이 있는 사람, 공조직을 운영해본 경험이 있는 사람, 사회적·문화적 평판이 나쁘지 않은 사람이어야 하며, 전과자나 비리에 엮였던 일이 있는 사람 또는 정치인을 등에 업은 사람이 되어서는 안 된다는 등 몇 가지를 구체적으로 지적한 기사를 신문에 싣기도 했다.

부산시도 그런 조건에 맞는 사람을 찾고 있다는 것이었다. 그러나 그런 사람을 당장에 찾아내기란 쉽지 않았던지 신문에 대표이사 공채 공고까지 냈다. 그 후 하마평에 오르는 사람은 더러 있었다. 응모 마감이 임박했던 어느 날, 부산의 언론계에서 고위직으로 일했던 한 후배가 나에게 전화를 했다. 당시 나는 일이 있어 이틀 뒤 일본으로 갈 예정이었다. 부산의 한 문화상 언론부분 수상자이기도 한 그는 다짜고짜 나에게 문화재단 대표이사 공채에 응모했냐고 물었다. 안 했다고 했다. 내가 유력한 후보자라는 하마평이 떠돌고 있는 줄 아느냐고 되물었다. 자세히는 모른다고 했다. 그랬더니 나더러 공채에 응모하라고 권했다.

그가 나에게 공모를 권유하는 이유는 첫째, 국립대학 총장 경력은 공조지 관리에 적합한 경력이라고 했다. 조선통신사에 대한 문화활동 경험, 몇십 년간 시인과 문학평론가로서 활동한 경험도 공채의 요건을 충족한다는 것이었다. 나는 이틀 뒤의 일본 출장을 설명하며 갖춰 놓은 서류도 없다고 했다. 후배는 졸업증과 학위기가 있으면 그것을 우선 복사하여 붙이고, 학위증명서 같은 것은 귀국해서 뒤에 붙이겠다고 해서라도 꼭 응모하라고 권했다.

 문화재단이 설립되면 조선통신사 문화사업이 영향을 받지 않을까 우려도 되었고, 이 일도 굳이 사양할 일은 아닌 성 싶었다. 대학의 증명서 발급은 귀국 후로 미루고 당장에 주섬주섬 집에서 서류를 꾸며 공모 지원서에 첨부했다. 그렇게 해서 2009년 1월 21일 부산문화재단 초대 대표가 되었다. 지금 생각해도 그 후배가 그렇게 강권했기 때문에 용기를 냈던 결과다.

 우여곡절 끝에 부산문화재단 대표이사에 내가 임명되고 부산문화재단의 탄생을 알리는 자축 행사도 짜임새 있게 열렸다. 예술기획 전문가답게 박승환 사원이 기획하고 연출한 멋진 행사였다. 부산문화재단 간판을 덮고 있던 하얀 천이 허남식 시장과 나에 의해서 벗겨질 때 박수소리가 요란했다. 부산문화의 첨병이 되겠다는 직원들의 결의도 대단했다.

 그러나 업무가 시작되자 앞길이 순탄하지 않을 것 같은 징후는 여기저기서 감지되었다. 우선 재단이 해야 하는 일은 모두가 직원들에게는 첫걸음이었다. 선례가 없는 일이 수두룩했다. 더듬거리며 일을 해나갈 수밖에 없었다. 특히 부산시 산하 공적기관으로 설립된 재단이기에 부산시와의 관계 설

정도 문제였다.

거기에다 나로서는 조선통신사 문화사업회 집행위원장으로서도 신경 쓰이는 일이 많았다. 문화사업회는 사단법인이어서 처음부터 출퇴근 시간이 크게 강제되지는 않았다. 그렇기에 시간에 맞춰 일을 처리하면 되기는 했다. 그러나 어떻든 조선통신사 문화사업회는 더욱 바빠진 나 때문에 업무에 영향을 받지 않을 수 없을 것 같았다. 조선통신사 사무 관계로 보고할 일이나 결재를 받아야 할 바쁜 일이 있으면 동구 수정동 사무실에서 해운대에 있는 문화재단 사무실까지 직원들이 찾아와야 했다. 물론 나도 짬이 있을 때는 수정동 사무실에도 가기는 했었지만.

걱정했던 조선통신사 일은 그래도 계속 제대로 잘 돌아갔다. 그러나 신생 문화재단은 여전히 허허발판이라 일을 어디서부터 어떻게 시작해야 할지 막막했다. 사무처장 한 명을 비롯해 팀장 한 명과 직원 세 명, 대표이사 한 명 등 겨우 여섯 사람이 창립 요원의 전부였다. 거기에다 초창기 행정을 돕기 위해 재단 설립 업무를 담당했던 부산시 파견 공무원 한 명이 더해졌다. 신규 직원 공채가 곧 이루어지기는 했지만, 직원이 70명에 이르는 현재(2022년)에 비하면 설립 당시의 직원 수는 지금과는 하늘과 땅 차이였다.

재단이 설립되고 부산시에서 이관된 업무 가운데 맨 먼저 처리해야 할 일이 부산시 문예진흥지원금 수혜자 선발이었다. 신속하게 선정해 보고하라는 바람에 부산시의 전례를 준거의 틀로 삼고 심사위원회를 바쁘게 구성했다. 예민한 문제도 있을 수 있어 충분한 시간을 두고 수혜자를 선발해야 하는데도 보고 시한이 너무 짧았다.

그래서 서둘렀지만 보고 시한 전날 밤 11시에야 겨우 심사가 끝났다. 지시에 충실히 따르기 위해 이렇게 강행군을 한 것이었다. 심사를 끝낸 여자 팀장은 혼자 사무실에 남아 밤을 새우면서 보고 자료를 정리할 수밖에 없었다.

다음 날 오전 10시께 정리된 관계 서류를 들고 담당자가 시청 관계부서에 도착했다. 보고를 하기 위해 갔던 그는 사무실 복판에 선 채로 관계 직원에게서 영문도 알 수 없는 날벼락을 맞았다. 조곤조곤 얼마든지 고칠 일이 있으면 고치라고 하면 될 일을, '부산시는 지주, 문화재단은 소작농'이라며 지주가 하라는 대로 빨리 안 한다고 야단을 쳤다는 것이다. 경험도 없이 밤늦게까지 자료를 정리해 보고하러 온 신생 기관 여자 직원을 사무실 복판에다 세워놓고 이렇게 망신을 주다니.

처음에 나는 그런 일이 있었는지 몰랐다. 시청에서 서류뭉치를 안고 돌아오는 담당자의 지친 표정에서 간밤에 늦게까지 일을 처리하느라고 지쳐서 그런가 보다 생각하며 수고했다는 말 한마디를 건넸을 뿐이었다.

그날 점심시간이 지나서야 귀동냥하듯 그런 일이 있었던 것을 알게 되었다. 아직도 관공서에서 그런 일이 벌어지고 있다니. 처음으로 하는 일인 만큼 수행 과정에서 잘못이 있다면 경험이 없어 그렇겠지, 차츰 나아지겠지, 이렇게 생각하고 좋게 타일러 고치라고 하면 될 일을, 무슨 벼락이라도 떨어졌다고. 이러다가는 부산문화를 선도하겠다는 꿈을 안고 의욕적으로 출발한 문화재단 직원들의 사기나 자생력 같은 것이 말이 아니게 되겠구나, 생각하니 기가 찼다.

나는 잘 모르긴 해도, 현대 행정은 시민에게 스스로 일을 하게 하고 보람을 찾게 해주는 조장행정에 비중을 두고 있는 줄 알았다. 마찬가지로 부산문화재단에 대해서도 그렇게 할 줄로만 알았다. 독창성을 바탕으로 자유롭게 훨훨 날면서 문화의 텃밭을 새롭게 일구는 것이 부산문화재단의 임무라고 생각하고 있던 터여서 그랬다. 급작하게 지시한 시청의 위임 행정사무를, 그것도 시간에 쫓겨 좀 늦게 처리했다고 그렇게 혼이나 나야 하는 분위기 속에서 문화도시 건설의 첨병이 되겠다는 꿈은 처음부터 싹이 노랗다는 생각이 들었다.

전화기를 들어 시청의 지원업무 담당자를 찾았다. 이판사판의 심정이었다. 그날 일의 사실 여부를 확인했다. 이런 관료적 분위기라면 꿈이고 뭐고 없이 소작농으로는 살고 싶지 않다고 말해버렸다. 오래 통화할 것도 없었다. 그는 의외로 흥분한 나의 전화에 당황하는 것 같았다. 실수를 했다며 그 자리에서 사과했다. 오후에는 담당 국장도 이런 일이 없도록 하겠다면서 사과를 했다. 첫걸음에서 덜컥거렸던 이 일은 그렇게 정리됐지만 나로서는 역시 개운한 기분은 되지 않았다.

  부산문화재단은 부산시의 출연금으로 사업을 펼치는 부산시 산하기관이다. 따지고 보면 그런 기관이 부산시의 문화정책에 엇박자를 놓을 수는 없었다. 지시에 따를 수밖에 없는 것이 태생적 한계였다. 그렇기 때문에 너나없이 덜컹거리는 소리를 내면서 일하는 것이 좋을 턱이 없었다.

  어떻든 문화예술 진흥을 위해서 지원 부서는 지원은 하되 지나친 간섭을 해서는 안 된다는 것이 내 생각이었다. 간섭은 자율성과 창의성을 억누를 수 있는 일이기에 1945년 이미 영국에서도 '팔 길이 원칙(Arm's Length Principle)'을 예술 정책에 반영하지 않았던가. 그런 원칙이 내 머리를 강하게 지배하고 있었던 때여서 그랬는지는 몰랐다. 지원 기관은 팔 길이만큼 지원하고 그 이상 팔을 뻗어 이래라저래라 간섭을 해서는 문화활동의 창의력이 위축될 수밖에 없다고 생각했던 터여서 반발심이 생겼던 것인지는 알 수 없었다.

  어쨌든 이렇게 끝난 일을 계속 투덜거린다고 좋을 것 같지는 않았다. 그 일은 없었던 것처럼 입을 다물어버린 이유였다. 그 뒤 재단 분위기는 평온해졌다. 직원들은 머리를 싸매고 재단이 새롭게 해야 할 일들을 열심히 찾았다. 그리고 소수의 약세를 극복하고 다른 예술단체가 기획하지 않는 일들도 기획하고 실천도 해보려고 애를 썼다. 벌써 10년도 훌쩍 더 전의 일이기에 제법 성과를 거둔 일도 있지만 이제 기억에서 흐려지거나 지워진 일도 없지는 않다.

  그런 가운데 그해 말, 재단이 독자적으로 30대 전후의 무명화가를 발굴해 성장을 도운 일은 아직도 기억에 생생하다. 부산 시내 각 대학 미술학과 교수들에게서 33명의 젊은 화가를 추천받아 그들의 작품 44편을 전시했던 일이 그 가운데 하나다. 미약하지만 젊은 화가들이 부산의 미술계에 전업 화가로 데뷔할 수 있도록 돕는 것이 목적이었다.

  이 일의 진행은 박소연 팀장이 맡고 실행은 김예인 사원이 전담했다. 김예인 사원은 서울의 명문 예술대학에서 미술을 전공한 뒤 미술관 큐레이터로 근무했던 경험자답게 인맥을 잘 찾아 일을 순조롭게 처리해 나갔다.

  부산 디자인센터 전시공간에서 열린 이 전시회는 성황이었다. 전시회가 끝나는 날 그들이 예술가로 성장하며 살아갈 수 있는 현실적인 방법도 찾아보기로 했다. 부산에서 공간화랑을 경영하며 전국 미술품 감정위원으로도 활동하고 있던 신옥진 선생을 초청, 자신에게 경험이 풍부한 미술품 옥션 시범을 보여주자고 부탁했다. 나와 친한 몇몇 기업인도 이 자리에 초청했다. 이 행사에서 몇 편의 작품도 팔려나갔다. 그때 출품했던 사람들 가운데 내가 알기로는 강민석 씨가 회화 작가로, 김종원 씨가 기획자로 아트페어를, 그리고 정선미 씨는 춘자갤러리를 경영하면서 기성 화단에서 현재 활발하게 활동하고 있다.

또 다른 하나는 경제적 불황 속에서도 기업인들의 웃는 모습을 보여줘야 한다는 생각이었다. 안기태 화백에게 의뢰해 부산의 여러 기업가의 웃는 모습을 여러 명의 화가들이 캐리커처 작품으로 완성, 전시했던 일이 그 가운데 하나다. 반응이 좋았다.

기억에 생생한 일 하나만 더 추가해보겠다. 문화 행사를 부산의 변두리, 이른바 문화소외지역으로 끌고 나가보자는 것이 그것이었다. 이 기획은 역시 서울의 이름난 예술계 대학에서 무대예술과 연기를 전공한 박승환 재단창립 사원의 아이디어에서 나왔다. '우리 마당'과 같은 공연을 용두산공원 상설무대가 아닌 변두리로 찾아가 펼쳐보자는 것이었다. 비

신인 화가 작품 옥션

교적 문화혜택이 덜한 곳 주민들에게 문화향유의 기회를 적극적으로 늘려줘야 한다는 것이 그의 아이디어였다. 화려하지는 않을지는 모르지만, 분명히 공공기관인 문화재단이 지향해야 할 가치 있는 일임에는 틀림이 없었다.

나는 그에게 이 행사를 꼭 실천해보자고 했다. 문화 행사를 무대에서 내려와 골목 안으로 끌고 가야 한다는 생각은 매우 진취적인 것 같았다. 북구와 사하구 동네를 돌며 판을 열었던 행사는 주민들의 반응이 아주 좋았다. 그만큼 보람도 컸다. 그러나 장비와 공연자들의 이동이 늘 문제였다.

전에는 없었던 이런 행사를 지속적이고 반복적으로 실시함으로써 부산문화재단이 시민 골고루에게 문화의 혜택을 주자는 생각에서 이 행사의 연속성을 찾아보았다. 생각 끝에 박승환 씨와 함께 이장호 당시 부산은행장을 찾아갔다. 취지를 들은 이 행장은 즉석에서 사회봉사 차원에서라도 우리가 기획하는 일을 돕겠다고 했다. 그렇게 받은 협찬금으로 구입한 것이 대형 화물차였다.

박승환 씨는 그 차에 지붕을 얹고 여닫이 무대를 만드는 것까지 직접 설계했다. '달리는 아트센터'라는 이름으로 한 달에 한 번씩 변두리 지역을 찾았다. 이른바 엘리트 공연예술과는 또 다른 공연예술로 시민 곁을 찾아갔던 것이다. 내친김에 그 차에 다이내믹 부산(Dynamic Busan)이라는 현수막을 크게 걸고 파리를 포함한 유럽 일대를 돌면서 부산문화, K-문화의 진수를 유럽 사람들에게 보여주자는 의견도 나왔다. 시대를 앞선 이 괜찮은 아이디어에 반대할 이유가 없었다. 어떻게든 실천 방법을 한번 찾아보자고 했다.

박승환 씨는 재빠르게 프랑스, 독일, 스위스 등 주변 국가의 사정까지 조사한 뒤 행사에 자신이 있다고 했다. 그러나 당시 7억 원 정도의 예산에 막혀 프랑스 마르세유 항구를 통해 유럽에 상륙해보려고 했던 이 꿈은 실행되지 못하고 말았다. K-문화를 유럽에 알릴 수 있는 절호의 기회였는데, 지금 생각해도 아쉬운 일이다.

문화재단은 그렇게 한 발짝씩 발전을 향해 발걸음을 앞으로 옮겨 나갔다. 그때마다 문화재단 행사를 위해 시간을 보낼 수 있어 행복하다는 생각을 했다. 그러나 한편으로는 한일 간 국제교류 행사로서 뿌리가 탄탄하게 다져지고 있는 조선통신사 문화교류 행사의 지속성에 대해서도 늘 걱정을 털어내지는 못하고 있었다.

조직 통합과
세계의 중심
미국 진출

 부산문화재단은 시간이 지나면서 직원 수도 늘고 조직도 차츰 제 자리를 잡아갔다. 이렇게 안정되어가자 나는 조선통신사 문화교류사업에도 더한 활기를 불어넣을 수 있는 길이 없을까 고민했다.

 거듭 말하거니와 조선통신사 행사는 오직 부산에서만 하고 있는 전국 유일의 외국과의 정례적인 역사문화교류 행사가 포함되어 있었다. 부산의 대표적 문화기관인 부산문화재단이 주체가 되어 이런 특색 있는 행사를 국제무대로 끌고 나가는 것은 바람직해 보였다.

 그래서 생각해냈던 것이 부산문화재단과의 조직 통합이었다. 조선통신사 문화사업회 직원들에게도 부산시가 설립한 공공기관인 부산문화재단의 직원이 되는 것은 신분상으로도 나쁠 것이 없을 것 같았다. 그때부터 부산문화재단과의 통합 방법을 구체적으로 찾아보았다.

먼저, 당사자인 조선통신사 문화사업회 직원들에게 통합 의견을 물었다. 학회와 그 밖의 주변 사람들에게도 의견을 들었다. 다들 나쁠 것이 없다는 반응이었다. 이와 같은 의견을 수렴한 뒤 나는 부산문화재단과의 통합을 위한 절차를 밟기 시작했다. 사단법인 조선통신사 문화사업회 정관을 폐기한 뒤 부산문화재단과의 조직 통합을 위한 법적인 절차를 차례대로 밟았다. 이 일은 상당히 까다로웠다. 그러나 부산시에서 파견돼 우리를 돕고 있던 김명수 씨와 조선통신사 행사를 담당해온 송수경 씨가 협력해서 일을 착착 진행시켰다.

2010년 4월 사단법인 조선통신사 문화사업회는 없어지고 그 업무는 부산문화재단에 흡수 통합되었다. 추진위원회라는 이름으로 처음 조직을 발족시키고 육성과 그 성가를 높이는 데 힘을 기울였던 나로서는 감회가 깊었다. 그러나 결과적으로는 사단법인 조선통신사 문화사업회 직원들이 부산문화재단 직원으로 신분이 바뀌게 된 것뿐, 하는 일은 그대로였다. 나쁜 결정이 아닌 것 같았다.

부산문화재단에는 그래서 조선통신사 문화사업팀이라는 새로운 조직이 추가되었다. 그 첫 번째 팀장으로는 통합 전 그 일을 담당했던 허장수 씨로 보냈다. 제도적으로 나에게는 재단에서 조선통신사의 이 일 하나가 더해지게 된 것뿐이었다. 사실 자리를 재단으로 옮기고 난 뒤에도 이 일은 내가 맡고 있었기 때문에 조선통신사 일에는 특별한 변화가 있을 수 없었다. 다행이라는 생각이 들었다.

부산문화재단은 문화 전반에 대한 설계, 실천, 육성을 위한 일을 해야 하는 중요한 기관임은 물론이다. 그리고 가장 부산적인 독창성 있는 문화 행사의 개발과 실천에도 앞장서야 하는 것이 그 책무다. 그런 의미에서 보면 조선통신사 문화교류 행사는 그 가운데 부산만이 할 수 있는 유별난(?) 행사를 부산문화재단이 하나 더 하게 된 셈이다.

일본과 마주한 국제도시로서의 부산이 과거의 역사를 되짚어보며 미래로 향할 수 있는 선린관계 구축의 문화 행사를 실행한다는 것은, 국내의 다른 도시와 차별된 행사임에는 틀림이 없었다. 그런 의미에서 조선통신사 문화 행사를 중점적으로 육성시킬 가치는 충분하다고 믿어왔던 터였다.

그동안 나는 늘 조선통신사 행렬재현 행사는 일본에 국한하지 않고 국제적으로 그 무대를 더 넓혀야 한다는 생각을 하고 있었다. 이 행사가 단지 한국과 일본만의 행사가 아니라 세계인이 주목할 수 있는 평화행사의 본이 되게 했으면 하는 생각에서였다. 그래서 우선 세계의 강대국인 미국 진출을 모색했다. 그러나 막막했다.

우선 미국 어느 큰 도시에서 행렬재현 행사를 열고 조선통신사의 세계 평화사적 의미 가치를 알렸으면 좋겠다고 생각했다. 조선통신사 깃발을 펄럭이며, 박력 넘치는 북소리와 함께 미국의 번화한 거리 한복판을 행진하고 싶었다. 그러나 미국의 대도시에서 교통을 차단하고 행렬을 할 수 있는 허가를 어떻게 받아낸다는 말인가? 아무리 생각해도 나로서는 막막했다.

그래도 그 꿈을 팽개치지는 않았다. 궁하면 통한다던가. 미신일지도 모르는 이 말을 믿고 어떻게든 무작정 시도해보기로 했다. 먼저 미국 안에서도 한국인이 가장 많이 살고 있다는 로스앤젤레스의 문을 두드려보기로 했다. 현지에서는 한국인들의 호응부터 얻어야 한다는 생각에서였다. 그런 뒤에 이 일이 성공을 거두게 되면 세계의 복판 뉴욕에 진출하는 길을 모색해봐도 좋을 성 싶었다.

그러나 나에게는 구체적인 실현 방법이 없었다. 궁리 끝에 한국의 한 일간지 미주판의 로스앤젤레스 지사장을 찾아내 무턱대고 전화를 걸었다. 맨땅에 헤딩하는 기분이었다. 그에게 행사 개요와 이 행사가 갖는 의미, 취지 등을 열심히 설명했다. 그는 이 일에 상당히 흥미를 갖는 것 같았다. 어쩌면 될 수도 있겠구나 하는 느낌이 왔다.

"다른 부담은 가질 것 없습니다. 행사만 성사시켜주시면 모든 진행은 우리가 알아서 책임지겠습니다. 구체적인 계획은 이메일로 보내겠습니다."

우리의 요구 조건은 간단했다. 첫째는 미주 신문과 공동 주최로 행사를 개최해주는 것이었다. 홍보 효과를 극대화하기 위해서였다. 그러면 교민 동원도 쉬울 것 같아서이기도 했다. 그리고 해마다 있는 한국인의 날 기념행사의 하나로 할 수 있게 된다면, 조선통신사 행렬이 로스앤젤레스 시내를 행진할 때 자연스럽게 교통 문제도 해결될 것 같았다. 교민들이 함께 행렬에 가담해 주면 교민들에게도 한국인의 긍지를 드높일 수 있을 계기가 될 것이라는 생각도 들었다.

을의 입장인 우리가 무리한 부탁을 할 수는 없었다. 행렬 진행은 우리가 담당하며, 부탁할 일이 있다면 그것은 행렬 뒷부분에 로스앤젤레스에 사는 동포 100여 명 정도가 한복 차림으로 뒤를 따라주도록 도와주는 것뿐이라고 했다.

나의 제의와 설명을 들은 그의 반응은 좋았다. 그는 한인회가 주최하는 한인의 날 행사가 매년 가을이면 열리고 있다고 했다. 공동 주최라면 협조할 뜻이 있다면서, 몇 가지를 꼬치꼬치 더 물었다. 그리고 자기들로서는 경비 보조가 어렵다고 잘라 말한 뒤 현지 사정을 알아보겠다면서 서로 연락을 자주 하자고 했다.

나는 쾌재를 불렀다. 그러나 유감스럽게도 그 일은 성사되지 않았다. 그 신문사 한국 본사에서 현지 방송국을 개국하는데, 자기를 중심으로 현지 미주판 사원들이 모두 그 일에 매달려야 한다는 것이었다. 이른바 매스컴 센터 건립을 계획하고 있어서 이번의 공동 개최가 어렵고 내년쯤 다시 연락하자는 말이었다.

잔뜩 기대했던 일이 실패로 돌아가자 실망이 컸다. 별다른 대안이 머리에 떠오르지도 않았다. 한 번 더 맨땅에 헤딩하는 기분으로 이번에는 뉴욕을 노크해보기로 했다.

우선 내가 총장으로 일할 때 가끔 만났던 우리 대학의 뉴욕 동창회 회장을 찾았다. 그는 활동적인 사람이었다. 그러나 내 설명을 들은 뒤 취지에는 크게 공감하지만 그런 큰일을 해낼 자신이 없다고 했다. 동창회 회원들은 모두 생업에 바빠서 누구도 이 일에 소매를 걷고 나와 매달리기는 어려울 것 같다는 반응이었다. 실망이 컸다.

그래도 이 행사에 대한 미련을 버릴 수는 없었다. 여기저기 수소문해서 뉴욕 한인회의 연락처를 알아냈다. 이판사판이라고 생각하며 생뚱맞게도 그곳 한인회 회장에게 직접 이 일에 관한 내용을 설명하고 실현 가능성에 대한 의견이나 들어보겠다는 생각에서였다.

뉴욕에는 당시 50만 명에 이르는 한국인들이 살고 있다고 했다. 비영주권자까지 합치면 훨씬 더 될 것이라는 말도 있었다. 한국에서도 이 정도 인구라면 상당한 도시와 맞먹는다. 한국인이 그렇게 많이 사는 세계 최대의 도시 뉴욕에서 조선통신사 행렬을 재현한다면 참으로 의미가 클 것 같았다. 그래서 누구의 소개도 없이 무조건 직접 전화번호를 돌린 것이었다.

다행히 하용화 한인회 회장과 통화가 이뤄졌다. 당시로서는 회장의 이름도 정확히 모르고 회장을 찾았으니, 지금 생각해도 참으로 무모한 도전이었다. 그에게 조선통신사에 대해서 간단히 설명했다. 그리고 행사 내용도 설명했다. 그는 친절하게 내 말을 다 들어줬다. 그리고 쉽게 알아들었다. 가을이면 언제나 '코리안 위크' 행사가 크게 열린다고 했다. 그때 코리안 퍼레이드와 스트리트 페스티벌도 한다고 들었는데 사실이냐고 물었다. 그렇다면서 그는 내가 묻는 의도도 쉽게 파악하는 것 같았다. 취지에 찬성한다면서 구체적인 행사 내용을 알고 싶다고 했다. 이메일 주소를 가르쳐주며 사무국장과 구체적인 협의를 했으면 좋겠다고 했다.

그 일로 뉴욕 한인회와는 부지런히 연락이 오갔다. 그때의 메일 내용을 모두 출력해 어딘가에 철해 두었다. 이 글을 쓰면서 그것을 찾았는데, 어디에 숨었는지 도무지 찾을 수가 없었다.

그해 8월 중순이었던가, 말이었던가, 그쯤인 것 같다. 한인회에서 연락이 왔다. 하 회장이 나를 한번 만났으면 한다는 내용이었다. 일의 구체화를 위해 실무자들끼리도 만나서 실행 방법을 상세히 논의했으면 했다. 눈이 번쩍 뜨였다. 사무실은 맨해튼 24번가 첼시 몇 번 블록에 있다는 것까지 가르쳐주었다. 허장수 팀장에게 뉴욕으로 갈 준비를 하라고 했다.

우리가 케네디 공항에 내렸을 때는 한낮이었다. 뉴욕 한인회에서 친절하게도 공항까지 나와 우리를 맞아주었다. 우선 한인회 빌딩 6층에 있는 사무실에 들러 상호협력과 실무적인 이야기를 했다. 배석한 한인회 간부들도 우리가 하고자 하는 행사에 대한 설명을 자세히 듣더니 모두 행사에 비상한 관심을 보였다.

만남과 설명은 이렇게 끝났다. 결론은 간단했다. 행사의 성공을 위해 뉴욕에서 한인회가 도울 수 있는 일은 모두 돕겠다는 것이었다. 성황을 이룰 행사 같고, 고국에서 자신들의 행사를 위해 뉴욕까지 와주는 것도 의미가 클 것 같다고 했다. 또 이 행사를 통해 교민들의 결속이 강화될 것 같다는 기대도 보였다. 저녁에는 우리 둘을 위해 한인회 회장과 간부들이 맨해튼 어느 바닷가 식당에서 만찬회까지 열어주었다.

귀국한 뒤 조선통신사 팀은 뉴욕행사 준비에 돌입했다. 행사 날짜가 현지 시간으로 10월 2일로 잡혀 있어 준비 일정이 빠듯했다. 그러나 행렬 자체는 큰 걱정이 없었다. 여러 해 동안 이 행사를 치른 경험이 축적돼 있기 때문이었다.

그렇기는 해도 세계의 중심지, 그것도 가장 번화가인 맨해튼 6번 대로에서 한국의 날 행사를 위해 교통까지 완전히 차단한 채 북 치고 장구 치며 교민까지 합쳐 1천 명 가까운 사람들이 행진할 것이니 세계인의 이목을 끌만도 하다는 생각이 들었다. 절로 긴장되는 일임에는 분명했다. 행렬뿐 아니라 이에 따른 부대행사 준비에도 모두 초긴장, 신경을 곤두세워야만 했다.

한인회는 코리아타운인 32번가 도로를 차단하고 임시 특설무대를 가설해 한국과 미국인을 위한 공연의 자리도 만들 계획이라고 전했다. 한국에서 그 공연도 상당 부분을 맡아 달라는 것이었다. 나는 걱정도 하지 않고 문화콘텐츠 팀장인 박승환 씨가 공연을 전담하도록 했다.

뉴욕 중심가는 인산인해
CBS는 현장 방송중계도

팀원에게는 비상이 걸렸다. 구체적인 실천계획 작성과 확인, 정사 가마를 포함한 옷가지, 행렬 때 쓸 놀이패와 무용단의 각종 집기, 취타대 악기와 상모, 북, 꽹과리 등등 컨테이너 하나로는 도무지 부족한 장비의 빠른 운송 계획, 이와 관련된 부산과 뉴욕의 세관 통관문제 등, 정해진 일정에 맞추기 위해 모두 정신을 차릴 수 없을 지경으로 바빴다. 그러나 이런 일 역시 도쿄 행사 때 이미 겪었던 국제행사였기에 큰 난관이 있을 수는 없었다.

행렬의 전체 계획과 진행은 허장수 팀장이 맡았다. 무대 연출은 박승환 팀장이 책임지고, 정사의 얼굴에 수염을 붙이는 등 분장은 이 분야 전문가인 외부인사 박은주 씨가, 조복 차림은 경험 많은 송수경 씨가 각각 역할을 분담했다. 그래도 손이 모자라 행렬과 행렬 사이의 거리를 유지하는 일은 외부 인사인 연극인 진선미 씨 등이 맡기로 했다. 우리에게는 지리감이 없는 도시여서 지도를 펴놓고 거리 측정을 하는 도상연습도 되풀이했다.

쓰시마에는 조선통신사 경호를 맡을 일본 무사단 지원까지 요청했다. 이 일은 역시 김현승 씨가 맡았다. 외국 행사 경험이 약한 쓰시마로서 여러 사람 동원이 어려우면 뉴욕 일본 총영사관의 도움을 받으라고까지 해주었다. 완벽한 행렬 복원을 통해 세계인에게 400년 전 한일 관계를 가능한 범위 안에서 원형대로 보여주기 위해 모두 밤낮이 없었다.

미국에서 회의를 끝내고 돌아오는 대로 나는 허남식 부산시장을 먼저 찾았다. 이 행사의 정사역을 맡아 뉴욕에서 정사 가마를 타게 함으로써 부산을 널리 알리고 싶어서였다. 그러나 부산시장이 나흘씩이나 외국 출장을 한다는 것은 그렇게 쉬운 일이 아니기에 미리 일정을 잡아달라고 부탁하기 위해서였다. 허 시장은 잠시 생각을 했다. 허 시장은 일정을 확인한 뒤 즉석에서 비서실에 연락, 이 기간 동안에는 다른 일정을 잡지 못하도록 지시했다.

드디어 행사 날인 10월 2일이 왔다. 쾌청한 날씨는 아니었다. 날이 밝자마자 호텔 창문부터 열고 하늘을 살폈다. 쾌청은 아니었지만 행사하기에는 걱정 없는 날이었다. 안심했다.

뉴욕 맨해튼의 중심가 브로드웨이는 토요일이 되면 더욱 북적거리는 거리가 된다. 그런데도 그 넓은 중심도로가 오전에 이미 교통이 차단됐다. 코리안 퍼레이드와 스트리트 페스티벌을 위해서 뉴욕시가 특별히 결정해준 통행제한 시간인데 날씨가 나빠 행렬을 중지해야 한다면 기가 찰 노릇이 아닌가.

어떻든 그만해도 날씨가 우리를 많이 도와주었다. 이날은 한 해에 몇 번밖에 없는 맨해튼 중심가 거리 통행을 제한하는 날이었다. 그렇지만 뉴욕 시민들은 불편을 감수하면서 옆길을 돌아서 다녔다. 군소리 없이 당국의 행정 행위를 신뢰하고 따르는 시민의식, 거기에다 뉴욕에서의 한국의 위상을 짐작할 수 있는 기회여서 가슴이 뿌듯했다.

출발 준비를 위해 정사의 관복 차림, 사물놀이패들의 복장 갖추기, 무용단 분장, 거기에다 일본 무사 복장을 하기 위해 모두가 합류한 가운데 뉴욕 일본 총영사관 직원들까지 뒤섞여 행사준비장은 이른 아침부터 북새통이었다. 6번가 38번길에 임시로 빌린 넓은 사무실 한 칸은 물론, 한인회관 6층도 거의 송두리째 우리에게 비워주었다. 그러고도 한인회 하용화 회장을 선두로 한 한인회 관계자들은 자동차 지원, 통역 지원, 한국인이 가장 많은 32번길에다 준비하는 임시 공연장 설치를 돕는다고 총동원 되었다.

출발 시간이 가까워지자 행렬 팀은 출발 순서대로 대열을 갖추기 시작했다. 교민들은 행렬의 뒤쪽에서 한복 차림으로 행렬에 가담하기로 되어 있었다. 이런 행사에 처음 가담하는 일본 총영사관 직원들은 아무런 경험도, 사전준비도 없었던 사람들이기에 어떻게 보면 오합지졸이었다. 그러나 쓰시마 지원팀의 사전 교육으로 준비가 빗나가지는 않았다.

참가단과 참가단이 서로 거리를 유지하며 거리공연까지 질서 있게 실시한다는 일은 결코 쉬운 일은 아니다. 허장수·송수경 씨를 주축으로, 무대행사 사회자로 동행하게 된 김익현 씨, 행사 때마다 이런 일에 경험이 많은 진선미 씨까지 외부인사로서 행렬 간 거리와 줄 맞추기 진행선 지키기 가이드에 나섰다.

시간에 맞춰 행렬은 출발 준비를 끝냈다. 맨 앞에는 부산의 역동성을 자랑하는 다이내믹 부산(Dynamic Busan)이라고 길게 쓴 플래카드가 오른쪽에서 왼쪽으로 넓게 펼쳐졌다. 그 뒤에는 국왕의 명을 받들어 조선 사절단이 간다는 것을 알리는 각종 기(旗)를 비롯, 색색의 깃발들이 뉴욕 한복판에서 펄럭거렸다. 나팔, 피리, 북 등으로 짜인 부산의 백양고등학교 취타대 24명이 노란 악대 복장을 하고 출발을 기다리고 있었다.

출발 시간이 되자 금관조복에 수염을 길게 단 정사 차림의 허남식 부산시장이 옥패를 들고 정사 가마에 올랐다. 조선시대에 있었던 조선통신사들의 실제 행렬 때는 사행원들의 짐을 지고, 들고 가는 훈도시(일본식 짧은 바지) 차림의 일본인 짐꾼, 길 안내를 맡은 쓰시마 안내원들, 삼지창을 든 우리 군관의 긴 행렬, 왕의 국서가 들어 있는 국서함, 말에 올라앉은 제술관과 사자관, 소동들이 행렬의 앞쪽에 자리했지만 그 수는 2천 명이 훨씬 넘었다. 이런 인원을 뉴욕에서 완전히 복원해서 재현할 수는 없었다. 그러나 한일 평화 교류의 상징성을 담아야 한다는 생각에서 일본 무사는 행렬에 꼭 가담하도록 했다. 그렇게 줄여도 행렬 참가자는 몇 백 명을 훌쩍 넘었다.

이런 규모의 행렬은 뉴요커들에게는 처음 보는 낯선 풍경이자 이국적 분위기까지 물씬 풍기는 풍경이었다. 행렬의 이쪽저쪽에 사람들이 몰려 수군거리기도 하고 손짓을 하며 서로 뭐라고 이야기를 주고받았다. 그러면서 진귀한 행렬이라는 표정은 감추려고 하지 않았다. 낮 12시, 행렬이 출발하자 세계적으로 유명한 뉴욕 CBS방송과 CNN방송이 우리 행렬의 출발을 중계하느라고 바쁘게 움직였다.

출발 시간이 되자 취타대가 정시에 북을 둥둥 두드렸다. 출발하자는 신호였다. 이 소리는 뉴욕의 번화가를 흔들었다. 마침내 행렬이 움직이기 시작했다. 옥패를 든 허남식 정사가 가마 위에 앉아 만면에 웃음을 담고 구경꾼들에게 손을 흔들었다. 이 진귀한 행렬을 보려는 사람들은 행렬의 이동에 따라 함께 움직였다. 백인뿐 아니라 피부색이 다른 사람들까지도 행렬을 따라가며 사진 촬영에 바빴다. 나도 구경꾼들 속에 섞여 행렬의 완성도를 살피며 그들과 함께 움직였다.

얼마 가지 않았을 때였다.

"저 사람은 어느 나라 왕이죠?"

행렬을 따라 움직이던 구경꾼 속의 한 젊은 백인 여자가 정사를 가리키며 나에게 물었다. 행렬하는 사람들과 나와의 얼굴색이 같고, 뭔가 관계가 있는 사람으로 느껴졌던 모양이다.

"17-8세기에 한국이 일본으로 파견했던 사절단이에요."

더 물으면 영어로 자세히 설명해주기가 어려울 것 같아 내가 잽싸게 그 여자에게 되물었다.

"맨해튼에 사세요?"

"아니에요. 신혼여행 왔어요."

"어디에서요?"

"호주 멜버른에서요."

"아, 그래요. 즐거운 신혼여행 되세요. 뒤에 봐요."

나는 관심을 다른 데로 돌리며 그들과의 대화를 거기서 끊었다. 그러나 우리의 행렬을 호주 신혼부부들에게도 보여주었다는 것은 기쁜 일이었다.

행렬은 28번길에서 끝났다. 행렬이 끝나자 모두 분장을 일상복으로 갈아입으려 옷 갈아입을 곳으로 떠났다. 마음먹고 귀한 나들이를 한 허 시장도 한국인이 경영하는 강서옥이던가 하는 한인 곰탕집에서 백성택 부산시 국제자문대사, 그리고 나와 함께 곰탕 한 그릇으로 늦은 점심을 얼렁뚱땅 때웠다. 다음 행사에 쫓겨 잠시도 쉴 틈이 없었다.

- 다이내믹 부산이 뉴욕 중심가를 훑어 지나다.
- 조선통신사 정사 가마에 앉은 허남식 부산시장이 뉴요커들에게 손을 흔들고 있다.

고전무용과 B-Boy가
다이내믹 부산 과시

　오후 2시 20분이 되자 무대행사가 시작됐다. 먼저 조선 왕과 일본 쇼군과의 국서 교환행사를 '친서 교환'이란 명칭으로 살짝 변형시켜 개최했다. 정사는 허남식 시장, 조선통신사를 영접하는 쓰시마 번주역은 UN 주재 일본대표부 슈미 시게키 대사가 맡았다. 국서를 전달하던 형식과 절차를 이렇게 바꿔 한일 간 평화로운 교류를 다짐하는 친서 교환식으로 진행했던 것이다. 두 나라 대표 간의 친서 교환식이 끝나고 그들이 무대에서 내려오자 무대는 즉시 공연장으로 변했다.
　유재철 씨가 이끄는 전통 있는 남산놀이마당의 상모놀이와 북, 꽹과리 등이 32번길을 요란하게 흔들었다. 이어진 정신혜 무용단이 색살 고운 무용복을 입고 집단무와 개인무로 선보인 한국 춤의 아름다운 선율이 파란 눈을 포함한 관객의 시선을 붙잡았다. 계속된 도진미 씨의 전자바이올린, 천행지 씨의 피아노 연주가 끝나자 부산서 동행한 이양문 씨가 이끄는 킬라 몽키스 B-Boy가 무대에 올라 왁자지껄하게 무대를 뒤집어 놓았다.

행렬 때 엠파이어 스테이트 빌딩을 처음 보게 된 참가자들도 많았다. 특히 백양고등학교 취타대 학생들에게는 기억에서 평생 지워지지 않는 여행이 되었을지도 모른다. 행사가 끝난 이튿날, 행사 참가자들은 영화에서나 볼 수 있는 세계적으로 이름난 백화점, 모모미술관, 센트럴 파크도 구경할 기회를 만들어보자고 했다. 뉴욕 한국 교민회 사람들도 우리가 이 행사에 가담함으로써 교민행사가 생각 밖의 성공을 거두었다고 기뻐했다. 시내 관광 안내도 자청해 줘 알찬 관광도 할 수 있게 해줬다.

행사가 있기 전날, 허 시장과 나는 백성택 대사와 함께 반기문 유엔사무총장을 예방했다. 국가원수 대접을 받는 유엔사무총장을 방문하기란 쉬운 일이 아니다. 그런데도 귀한 시간을 선뜻 내줘서 이루어진 방문이었다. 그는 우리를 반갑게 맞았다. 온화한 표정이었다. 부산에 대한 좋은 인상을 가지고 있었고, 특히 나에게는 자신이 외무부 장관시절에 있었던 해운대 동백섬 에이펙(APEC) 회의장 건설 후일담을 들려줬다. 그 자리는 부경대학교 연구소 자리였기 때문이었다. 반 총장이 그 사실을 기억하고 있었다.

이야기가 났으니 말이지, 그때 부경대학교 교수들은 그 자리의 양보를 크게 반대했었다. 그러나 부산시는 기장 바닷가의 넉넉한 땅을 대학과 맞교환해 이곳에 국제 회의장을 짓게 됐던 것이다. 우리 대학은 또 깨끗한 바닷가의 넉넉한 터를 확보하게 됨으로써 서로 윈윈했던 셈이다. 그때 부시장이었던 허남식 시장이 중간에서 수고해주었기에 이 일이 성사될 수 있었다.

뉴욕 행사를 이렇게 성공적으로 끝낸 나는 큰 산 하나를 넘은 기분이었다.

귀국해서는 허장수 조선통신사 팀장과 박승환 문화콘텐츠 팀장이 서로 협력해서 조선통신사 해외 행사 때 각종 이벤트 행사를 개발하면 어떻겠냐고 했다. 둘이 호흡을 잘 맞추면 지난 10년 동안 일본에서 개최됐던 일부 매너리즘에 빠진 조선통신사 행사를 한 계단 더 높은 행사로 끌어올릴 수 있을 것 같다는 생각에서였다.

그 무렵은 한국의 B-Boy가 대중들의 눈길을 크게 끌고 있었다. 부산문화재단 문화콘텐츠 팀은 그런 시류를 이용해서 국제 B-Boy 경연대회를 부산에서 열고 싶어 했다. 외국의 선수들을 초청해도 그 비용에 비하면 우리의 B-Boy 실력을 세계무대에서 알리고 부산을 홍보할 수 있는 기회를 잡는 것이 훨씬 가성비 높은 일이라고 생각해서 그랬던 것이다. 그러나

용두산공원을 중심으로
활동했던 B-Boy.
부산문화재단은 이들이
세계를 휩쓸게 하고 싶어 했다.

• 국서교환식
•• 화려한 무대공연을 즐기는 현지인들과 교민들

이 꿈은 역시 예산의 벽에 갇혀 안타깝게도 헛꿈이 되고 말았다.

사실 새로운 행사를 발굴하고 그것을 실천하는 일이 부산문화재단이 해야 할 일이었다. 그렇지만 그런 일을 한다는 것은 언제나 넘기 힘겨운 파도와도 같았다. 우선 부산시 문화담당자들의 판단을 거치는 것이 첫 번째 파도였다. 이는 조선통신사 문화사업을 추진할 때 수없이 겪었던 일이다. 공무원들의 보수성 때문이었던지 모른다. 때문에 우리 실무자가 시청의 실무자를 만나 잘 설득해야 하는 것이 첫 번째 파도를 넘는 일이었다.

그다음은 부산시의 예산담당 부서, 시의회 문화관광위원회, 예산결산 심의위원회까지 차례대로 밀려오는 파도를 제대로 넘지 못하면 우리가 아무리 괜찮다고 생각하는 프로그램이라도 그 계획서는 휴지 이상의 의미가 없어지고 만다. 그런 전례는 수두룩했다. 그래서 재량대로 쓸 수 있는 통예산을 요구했지만 허사, 예술과 문화에서의 팔길이 원칙은 통하지 않았다.

뉴욕의 행사는 워낙 큰 국제적 행사에다 부산을 세계에 널리 알리는 글로벌 이벤트였기에 넘어야 할 파도가 그렇게 험하지 않았고 비교적 잔잔했던 것 같았다. 물론 최종 의사결정자인 부산시장의 결심이 결정적인 영향을 미쳤을 것이고.

이런 일을 하는 사이에 부산문화재단 대표로서 2년을 맞게 되었다. 1년의 근무 연장 기회는 없지 않았다. 그러나 2년째가 가까워지자 여기저기서 다음 차례 부산문화재단 대표가 되기 위해 움직이는 사람이 있다는 소문이 계속 들려왔다. 거기에다 나의 임기 연장이 부적절하다는 말이 떠돌아다닌다는 소문도 들렸다. 심지어 비난의 소리까지도 있다는 것이었다. 듣기에 불편했고 자존심이 상했다. 그런 소문에 내가 좀 무리하게 대응했던 사연도 없지는 않았겠지만 어떻든 좋은 때 이 자리를 떠나자고 마음을 굳혔다. 시장에게 사표를 냈다.

사표가 반려되자 건강진단서를 붙여 다시 시장에게 직접 사직서를 냈다. 이로써 조선통신사 문화사업회 집행위원장과 부산문화재단 대표 2년을 포함한 10년 동안의 문화 일선에서 완전히 뒤로 물러섰다. 비로소 평생 하고 싶었던 소설도 쓸 수 있는 시간을 갖게 된 것이다.

4부
조선통신사 세계유산으로 인정받다

◆

10월 31일 새벽, 한잠이 들었는데 전화벨 소리가 울렸다. 1시가 좀 지나서였다. 서일본신문 다케스구 기자의 목소리였다. 첫마디에 "선생님 축하합니다?"라고 했다. 잠이 확 달아났다.

유네스코 세계기록유산
산수도 山水圖
1811
이의양 李義養
부산박물관 소장

동아줄 같았던
인연에 묶여
끊지 못했던
조선통신사 사업

　대학에서 정년퇴직을 하고, 부산문화재단에서 물러난 뒤에는 몇십 년 만에 비로소 한가로운 시간을 누릴 수 있게 되었다. 대학에 있을 때는 부족한 능력에 논문 쓰고 강의안 작성한다고, 또 총장 시절 4년 동안에는 학교 발전을 위해 동서남북으로 뛴다고, 그 다음에는 조선통신사 일로 일본으로 어디로 뛰어다닌다고 정신없이 바쁜 세월을 보냈다.

　퇴직 후 나에게는 갑자기 무진장의 자유시간이 주어졌다. 그 무진장의 자유로운 시간이 오히려 나를 부자유스럽게 했다. 시간 처리가 막막해졌기 때문이었다. 그 부자유를 풀면서 오랫동안 잠재워 두었던 글쓰기를 다시 시작했다. 틈나면 시도 쓰고 시집도 냈다. 뒷날 읽어야지 하면서 책꽂이에 꽂아 두었던 조선통신사 관계 책들도 다른 각도에서 여유 있게 뒤적거려 봤다. 거기에는 소설 소재가 넘쳤다. 조선통신사를 소재로 소년 시절부터 꿈꿨던 소설도 한번 써보고 싶었다.

조생종 과일이면 어떻고 만생종 과일이면 어때? 맛있고 좋은 과일이면 됐지. 그런 생각에서 소설 쓰기에도 매달려보았다. 그래서 나이 들어 뒤늦게 썼던 장편소설이 『유마도』였다. 조선통신사 사행원이었던 무명 화가를 주인공으로 한 소설, 3쇄까지 했었고 부산에서 한동안 반짝 베스트셀러도 됐었다. 그렇게 하고 싶은 일 하면서 사는 것도 재미가 있었다.

그 무렵 조선통신사 행사와 깊은 인연이 있었던 쓰시마에서 나를 초청했다. 아리랑축제 행사에 참석해달라는 내용이었다. 사양하지 않았다. 낯익은 쓰시마 조선통신사 관계자들이 이미 자연인으로 돌아간 나를 하나같이 반겼다. 그리고 나의 추억들도 일깨워주었다. 반가운 얼굴들도 만나고 쓰시마 여행도 즐겼다. 사양하지 않기를 잘했다는 생각이 들었다.

나의 후임 부산문화재단 대표로는 남송우 교수가 선임됐다. 같은 대학의 후배 교수여서 나와는 격의 없는 사이였다. 그는 문학평론가로서 부산의 문화계에서 평판이 좋은 인물이었다. 쓰시마의 행사 주최 측에서는 부산문화재단과 협의해 그와 내가 함께 움직이도록 계획을 짜놓고 있었다. 그런 연유로 함께 움직이면서 조선통신사에 대한 많은 이야기를 나눴다. 그리고 경험을 공유하는 기회도 함께 가졌다.

부산문화재단에서 퇴임한 뒤 초청 인사로 참석했던 행사에서 뜻밖에도 '쓰시마 국제교류 자문대사' 위촉장을 쓰시마 시장에게서 받았다. 쓰시마시의 조례에 의해 외국인에게 위촉하는 첫 번째 국제교류 자문대사가 된 것이다. 쓰시마시의 민간 국제교류에 앞장서 달라는 것이 부탁의 전부였다. 크게 부담스러운 일도 아니기에 기쁜 마음으로 수락했다.

부산으로 돌아와서도 조선통신사와는 이런저런 일들에 엮이기 시작했다. 초대 조선통신사 학회장이었다고 초청돼 학술대회 때 축사를 하기도 했고, 개인적으로 친분이 두터운 일본의 조선통신사 관계자들이 부산문화재단의 행사에 참석할 때면 그들이 나를 찾고는 했다. 이래저래 칼로 무우를 자르듯 조선통신사 문화 행사와의 인연을 잘라버릴 수는 없었다.

조선통신사 학회장이었을 때(2006년경) 앞으로 조선통신사 문화사업으로 해야만 할 가장 가치 있고 중요한 일이 있다면, 그것은 조선통신사가 남긴 업적을 유네스코 세계문화유산으로 등재하는 일이라고 말했던 일이 있었다. 시간보다는 장소가 더 쉽게 뇌리에 각인되는 것인지, 날짜는 아슴푸레하지만 그 말을 했던 장소는 부산시청 12층 식당, 국제회의가 끝난 뒤의 만찬회장에서였다.

나의 이런 제의를 모두 긍정하는 것 같았다. 그들의 표정이 그렇게 느끼게 했다. 그러나 그 뒤 이 말의 실천은 흐지부지해지고 말았다. 다음 해에는 시모노세키 바칸마쯔리에 참석했다가 만찬회 자리에서 이런 필요성을 다시 언급했었다. 그때도 그 자리에 참석했던 사람들은 크게 공감하는 것 같았다.

그랬던 얼마 뒤 일본 세도 내해 바닷가 여기저기서 젊은이들이 조선통신사가 다녀간 세도 내해 바닷길과 섬을 지리적 역사적 명승지로 유네스코에 자연유산으로 등재할 움직임을 보인다는 소문이 들려왔다. 등재 신청 지역은 조선통신사가 일본 본토에 첫 번째로 상륙했고 에도로 향해 출발했던 시모노세키에서 뱃길이 끝나고 육지 행렬이 시작되는 오사카까지의 바닷길까지가 범위라고 했다. 좋은 계획이라는 생각이 들었다.

그러나 곰곰이 생각해보니 그 선택이 결코 최선은 아닌 것 같았다. 학회 만찬회 때 내가 제의했던 내용과는 달라서였다. 그때 내가 제의했던 내용은 조선통신사 문화유산 등재를 머리에 두고 했던 말이었기 때문이다. 또 바닷길을 중심한 자연유산으로 등재한다면 부산과 쓰시마 항로가 빠져서는 안 될 것 같다는 생각도 들었다.

생각이 여기에 미치자 나는 즉시 전 일본 조선통신사연고지협회 회장 마츠바라 사장에게 전화를 했다.

"처음 듣는 말인데요."

그는 그런 사실 자체를 모르고 있었다. 나는 세도 내해 주변 청년단체들의 움직임 같다고만 전하고 나쁜 것 같지는 않다고 했다. 그러나 만일 바닷길을 조선통신사와 관련시켜 자연유산으로 등재한다면, 출발지인 부산에서부터 맨 처음 상륙한 일본 땅 쓰시마 사이의 바닷길도 포함되는 것이 옳을 것 같다는 내 생각을 말했다. 쓰시마에서 이끼를 거쳐 시모노세키에 이르는 바닷길도 빼버려서는 안 될 것 같아서였다. 마츠바라 회장도 즉석에서 내 말에 동의했다.

이에 덧붙여 나는 또 기왕 그렇게 할 바에야 항해의 고난을 기록한 친필 기록문들과 상륙했던 섬, 항해할 때 그린 풍경화 등 뛰어난 것들을 빠뜨려서는 안 될 것 같다는 말도 했다. 조선통신사가 일본을 오가면서 만난 일본 사람들과 주고받은 소중한 기록들, 전쟁을 겪은 두 나라가 평화를 위한 민간교류를 하면서 남긴 기록유산들, 그런 것들도 영원히 보존해야 할 가치가 있는 것들이 아니냐고 했다. 마츠바라 회장은 즉시 청년들의 추진 상황을 알아보고 일본의 관계 학자들과 기록유산 등재의 가능성 여부도 타진하겠다고 했다.

이런 일이 있고 난 뒤 곧이어 부산문화재단 남송우 대표도 조선통신사 문화유산의 유네스코 등재 가능성을 타진했다. 몇 년 전 만찬회 때 했던 나의 말이 씨가 됐던지, 아니면 일본의 움직임이 영향을 줬던 것인지 나는 알지 못했다. 어떻든 문화감각이 뛰어난 남 대표도 등재의 중요성을 분명하게 인식하고 있었던 것 같았다. 그는 학문적 차원에서 그 실현 방법을 구체적으로 모색했다. 조선통신사학회도 대단히 보람 있는 일이라면서 부산문화재단과 협력해서 방법을 연구해보겠다고 했다.

그 결정적인 출발점은 부산문화재단이 2012년 10월 19일 개최한 '통신사 유네스코 세계유산 등재를 위한 국제 심포지엄'이었다. 이 국제심포지엄은 그렇게 큰 국제 학술 심포지엄은 아니었다. 그러나 유네스코 등재를 위한 본격적 방향 탐색이라는 점에서는 대단히 의미가 큰 행사였다.

이 심포지엄에서 세계사 속에서 조선통신사가 갖는 의미와 위상에 대해서 나카오 히로시 교수가 기조강연을 했다. 그는 조선통신사는 한국과 일본 사이에서 있었던 일이지만, 서로의 문화존중과 전쟁이 범한 과오에 대한 성찰이라는 점에서 세계사적 의미를 갖는다고 역설했다.

특히 에스토니아 유네스코 위원인 마르깃 심(Margit Siim) 여사까지 이 자리에 초청돼 구체적인 등재 실례를 들려주었다. 그녀는 1989년 8월 에스토니아를 포함한 라트비아, 리투아니아 등 발틱 3국의 200만 명이 600㎞의 인간 사슬을 짜고, 옛 소련연방으로부터 독립을 선언했던 내용을 세 나라가 공동으로 유네스코 세계기록유산으로 등재했던 실례를 자세히 설명해주었다. 대단히 시사에 찬 내용이었다.

심포지엄에 참가한 서울의 한 신문 논설위원은 유네스코 등재가 오히려 만시지탄(晩時之歎)의 감이 있다고 했다. 일본의 조선통신사 상륙지 도모노우라 조선통신사 연구회 회장도 조선통신사의 등재 대상 문화유산 현황을 말해줌으로써 등재 대상의 구체적인 품목과 내용까지도 짚어주었다. 연세대학교 허경진 교수 역시 조선통신사 유네스코 등재의 필요성에 대해서 조목조목 짚어주고 등재 이후의 미래 가치까지도 예견해주었다.

부산문화재단이 마련했던 이 행사는 조선통신사 유네스코 세계기록유산 등재를 준비하는 데 기폭제가 되어주었다. 특히 마르깃 심 에스토니아 유네스코 위원의 강연을 통해 우리나라만 독자적으로 등재를 추진하는 것보다 상대국인 일본과 공동으로 노력하는 것이 효과도 크고 의미가 있다는 결론에 이르게 해주었다. 이 점은 일본 측 조선통신사 관계자들도 마찬가지였다. 그래서 공동으로 등재를 추진하자는 데 의견의 일치까지 보게 되었던 것이다.

이와 같이 의기투합을 일궈낸 부산문화재단 남송우 대표는 구체적인 실행에 착수했다. 그는 1년 이상 조선통신사학회와 일본 측 조선통신사 관계자들과도 서로 의견을 조율, 조선통신사 유네스코 세계기록유산 등재 추진위원회를 발족시켰다. 2014년 6월 16일 부산 중앙동의 코모도 호텔에서 있었던 일이다.

나는 초청인사로서 그 자리에 참석했다. 추진위원장은 남

2012년 조선통신사 유네스코 세계유산
등재를 위한 국제 심포지엄

송우 대표가 당연직으로 추대되었다. 공동추진위원장으로는 장제국 동서대 총장, 서울 시립대학교 교수인 이정재 유네스코 한국위원회 위원이 추대되었다. 회의 진행과 사무를 관장해온 재단의 박승환 조선통신사팀장이 사무국장 일을 맡기로 하고 추진위원회 발족 행사는 끝났다.

회의장에서 일어서 나가려는데 남송우 대표가 차나 한잔하고 가자고 했다. 밖으로 나가려던 나는 그냥 헤어지기가 섭섭해서 그러는 줄 알고 엉거주춤 자리에 앉았다. 이 자리에는 학회장인 강대진 교수, 총무인 한태문 교수, 부산대 사학과 김동철 교수, 부경대 사학과 박화진 교수 등이 함께했다. 이 자리에서 느닷없이 남송우 대표가 위촉을 위임받았던 한국 측 학술위원장을 나에게 맡아달라고 했다. 나는 펄쩍 뛰었다. 그럴 수밖에 없는 것이, 나는 정통 조선통신사 연구자가 아니기 때문이었다. 몇 년 동안 조선통신사 문화 행사를 하면서 조선통신사에 대한 이런 것 저런 것을 취미 삼아 읽어 보고 귀동냥해서 들은 잡동사니 지식밖에는 아는 것이 없기 때문이기도 했다. 더욱이 일본 측 학술위원장인 나카오 히로시 교수는 국내외를 털어 이 분야 최고의 전문가다. 나는 그의 상대가 안 된다. 사양할 수밖에 없었던 것이다.

그러나 자리를 함께한 사람들은 내가 학술위원장으로서 적격자라면서 막무가내로 밀어붙였다. 등재 대상물 선정과 등재 방법 등은 학술위원들이 일본학자들과 서로 협의해서 도출해낼 테니 나는 중간에서 한일 간에 의견 조정만 해주면 된다는 것이었다. 일본 관계자들과의 개인적 친분관계로 의견 교환도 살될 것 같아 내가 적임자라는 것이었다. 등재 대상물의 가치평가는 학회사람들이 다 할 테니 한일 합동회의, 토론만 잘 이끌어달라는 것이었다. 멈칫거렸다.

얼마 전 조선통신사 일에서는 떠난 인물이었는데도 끈질긴 인연이 나에게 학술위원장이라는 중책을 이렇게 맡겨 조선통신사 일에 다시 소환됐던 것이다.

공동등재를 위해
거듭된 합동회의

　기록유산 공동등재 학술위원회가 해야 할 첫 번째 중요한 일은 등재 대상물의 가치를 밝혀내는 일이었다. 대상물이 역사적, 문화적으로 어떤 의미를 가지고 있는가, 등재할 가치가 있는가 등을 가려내기 위한 작업이었다. 한국과 일본 학자들은 우선 자국 내에 있는 대상물에 대한 전수조사부터 시작하기로 했다. 그리고 그것을 평가한 뒤 그 바탕 위에서 등재 가치가 있다고 판단된 것들을 테이블 위에 얹어 놓고 논의해서 합의를 도출해내기로 했다.

　두 나라 학자들은 이를 위해 2인 3각으로 움직이기 시작했다. 이 일을 하면서는 문화적 편견과 역사의 정치적 해석을 아전인수격으로 하는 것을 철저히 배제하기로 했다. 오로지 등재 대상물 그 자체가 우리가 지향하는 역사적, 문화적 진실성을 확보하고 있는가, 상대국의 자존심을 해칠 우려는 없는가에 중점을 두기로 했다.

한국 측 학술위원회는 이 문제를 두고 회의를 거듭했다. 일본도 그랬다. 추진위원회 사무국장인 문화재단의 박승환 팀장, 아비루 마사오미(阿比留正臣) 일본 측 사무국장도 서로 호흡을 맞추며 연락하고 학술위원들의 일정에 서로 맞게 진행표를 꾸민다고 계속 분주했다. 일을 이렇게 추진해 나가면서 우리는 먼저 현재 기록유산을 보존, 관리하고 있는 곳부터 방문해 보존 정도부터 알아보기 위한 첫발을 뗐다.

또다시 몇 번의 회의를 거친 뒤 추진위원장인 남송우 대표와 학술위원장인 나, 그리고 학회에서는 학회장 강대민 교수와 한태문 교수, 박화진 교수, 박승환 사무국장, 재단의 김현승 씨 등 몇 명이 우선 국립중앙도서관과 박물관, 국회 도서관, 서울대학교 한국학 도서관인 규장각 등을 방문했다. 문화행정의 중심기관인 문화재청도 물론 방문했다.

어떤 기관은 우리가 하는 일에 공감하면서 친절하게 잘 안내해주었다. 그러나 유네스코 등재에 관한 이야기를 들은 뒤 어림없는 소리를 한다고 생각했던지 영 시큰둥한 반응을 보이는 곳도 없지는 않았다. 에피소드이긴 하지만, 어떤 기관에서는 우리의 계획에 냉담한 반응을 보였다. 예산 지원을 부탁하기 위한 방문이 아니었는데도 그런 것은 어렵다고 못부터 박는다든지, 협조의뢰서를 보내고 갔는데도 협조의뢰서를 받지 않아 협조가 어렵다는 엉뚱한 반응을 보이는 기관도 없지 않았다. 시작부터가 만만하지 않았다. 정사나 부사 등 3사의 옛 고향에서 후손들이 세운 서원이나 기념관 같은 곳에도 협조를 부탁했지만 거의가 아무런 반응이 없었다.

그래도 이와 같은 일에 지치지 않았다. 문헌조사도 게을리 하지 않았다. 조선통신사의 연구논문 각주에서 밝혀진 문헌을 샅샅이 뒤졌다. 먼저 서지학적 접근을 시도했던 것이다. 상당한 시간이 걸렸다. 그래도 시간을 들이지 않은 성취가 어디 있으랴. 그 일을 포기하지 않았다.

부산이 본거지인 조선통신사학회 회원들은 대학의 강의시간을 조절해가면서 함께 전국의 기록유산 보존 현장을 방문하고, 자료조사와 가치규명을 계속해 나갔다. 방학이 되자, 광주와 천안에 있는 연구자들까지도 합류해 대상 작품의 분류, 가치에 대한 평가작업 등을 함께 실시했다. 현존하는 자료를 밝혀내는 이 일은 진도가 빨라졌다.

이런 기초작업을 진행하면서도 일본 측과는 수시로 정보도 교환하고 진행 과정과 방법 등에 대하여 전화로 협의하고 의견도 교환했다. 그야말로 한일 두 나라 학자들의 공조가 제대로 이루어졌던 셈이다. 일본 측의 마츠바라 가즈유키 추진위원장, 나카오 히로시 학술위원장, 오카야마대학 구라치 가스나오 교수, 시모노세키시립고고박물관 마치다 카즈히토 관장 등 일본 측 학술위원들과 나는 어느덧 허물없이 만날 수 있는 관계가 되었다.

물론 동경대학에서 공부를 했던 박화진 교수, 오카야마대학에 방문교수로 머문 일이 있는 한태문 교수 등도 일본과의 든든한 가교 역할을 했으니 일이 빠르게 진척되지 않을 수가 없었다.

이렇게 발 빠르게 움직이기 시작한 추진위원회는 발족 20일 만에 실행위원회 회의를 개최, 유네스코 등재를 위한 구체적인 실행 방법을 논의했다. 앞으로 계속될 조사에 대해서도 그 방향과 범위를 하나씩 확정해 매듭을 지어나갈 것은 매듭을 지어나가자고 했다. 모두 그 분야는 전문가에다 사전 지식이 풍부했으니 일의 진행이 빠를 수밖에 없었다.

첫 번째 유의할 것으로 1972년 유네스코 위원회에서 정한 내용이었다. 그 내용은 아래와 같다.

1. 해당 유산의 본질 및 기원을 증명할 수 있는 정품일 것(유산의 진정성)
2. 특정 기간 또는 특정 지역에 끼친 영향력이 분명할 것. 소멸 되거나 유산의 품질이 떨어질 위험성이 있어 보존의 필요성이 높을 것(독창성, 비대체성)
3. 세계적 관점에서 가지는 중요성(시간성, 장소성, 역사성, 주제성)

그리고 그 등재 대상 종류는 구체적으로 세계의 유산, 인류문화유산, 세계 기록유산 등으로 분류되어 있었다. 우리는 이런 조건의 부합성 여부와 연관된 관점에서 확인된 것들을 다시 분류했다. 그렇게 분류한 내용을 조선통신사 기록유산의 등재 내용과 접합시키며 그 대상을 어떻게 분류할 것인가를 논의했다. 그 결과 ▲외교기록 ▲여정기록 ▲문화교류기록으로 분류해 등재 신청물의 의미 파악이 쉽도록 했다. 그렇게 분류하는 대상물의 내용은 아래와 같다.

▲ **외교의 기록** - 조선과 일본의 국가기관에서 작성한 외교에 관한 공식 기록문서다. 이 문서는 조선통신사 파견 등과 관련된 전반적인 내용을 포함하는 『통신사등록(通信使謄錄)』과 『변례집요(邊例集要)』 등 조선 왕조가 편찬한 기록, 조선 왕이 일본의 도쿠가와 역대 장군에게 보낸 '조선국서'와 도쿠가와 장군이 보낸 '답서' 등 두 나라 최고 권력자가 선린우호를 구축하고 그 지속을 바라는 의사가 반영된 국가적 외교기록물 등이다.

▲ **여정의 기록** - 조선통신사들이 한양에서 에도까지의 먼 길을 오가면서 생긴 일, 견문에 대하여 정사, 부사, 종사관을 비롯해서 제술관, 서기, 화원 등이 구체적으로 기록한 사행록, 일본 각지에서 조선통신사를 응접했던 응접 책임자가 기록한 향응 기록, 오가는 길 곳곳의 행렬과

현지의 풍경, 기록화 등이 이에 해당한다.

▲ **문화교류의 기록** - 두 나라가 다 한자 문화권이어서 사행원들과 일본의 각계각층 사이에서 유교에 관한 논의 기록과 동양의학(특히 『동의보감』) 등 여러 분야에서 필담을 통한 활발한 교류가 이어졌다. 그 교류의 흔적으로서 두 나라 문사들이 주고받은 것을 기록한 필담창화집, 시문서화집, 정치권력자에서부터 일반인에 이르는 거의 모든 계층과 주고받았던 문화적 기록물들을 가리킨다. 두 나라의 우호관계 구축과 학문과 문화 발전에 기여한 것들로서 영원히 보존할 가치가 있는 것으로 했다.

이렇게 귀중한 자료들을 소장하고 관리하는 곳은 우리나라의 경우 국립중앙도서관, 서울대학교 규장각, 국립중앙박물관, 국사편찬위원회, 국립고궁박물관, 고려대학교 도서관, 부산 시립박물관, 충청남도 역사문화연구원, 국립해양박물관 등이다.

우리가 이와 같은 일을 수행하고 있을 때 일본에서도 같은 방법으로 등재 대상을 분류해서 등재 준비를 착착 진행하고 있었다. 일본에서는 교토대학 종합박물관, 도쿄 국립박물관, 야마구치 박물관, 야마구치 문헌도서관, 나고야시 호사문고, 후쿠오카현 미야코마치 역사민속박물관, 오사카 역사박물관, 고려미술관, 시모노세키시립역사박물관, 쓰시마 역사민속자료관, 란도문화재단, 비와코 문화관, 다카스키 간노노 사토 역사자료관, 아카마 진구, 도모노우라 역사민속자료관, 세이켄지, 지쇼인, 릿코산 린노지, 닛코 도쇼구와 몇 명의 개인이 소장하고 있는 것을 등재 대상으로 검토했다.

일본의 유산들이 이렇게 뚝 떨어진 여러 곳에 소장되어 있는 이유는 간단했다. 조선의 경우, 서울과 부산 사이의 거리도 일본에 비해 짧았고 통과 지역도 사행원들에게 대부분 낯선 곳이 아니었다. 곳에 따라서는 관찰사로, 또 곳에 따라서는 부사(府使)나 현감 등으로 있었던 곳이다. 때문에 그런 곳을 지나면서 특별한 느낌이나 기록, 또는 교류의 흔적으로 남길 만한 것이 그렇게 많지는 않았다.

그러나 일본의 경우는 달랐다. 쓰시마에서 에도, 또는 닛고까지 왕복 사행 길은 서울에서 부산 사이의 열 배도 넘는 먼 길이었다. 거치는 곳마다 낯설었다. 가는 도중에 적어도 70곳 이상의 낯선 곳에서 쉬고, 자고, 민간교류를 했으니 여정에서 남긴 것들이 전국에 흩어져 있을 수밖에 없었다. 다행히 아카이브를 비롯해 전자문헌 정보 등을 통해 현황을 파악하는 데는 크게 어려움이 없었던 것 같다.

남송우 추진위원장의 조용한 추진력과 일의 진행을 위한 지원, 한국과 일본 학자들의 계속된 국내외 문헌정보 교환 등을 통해 등재 대상물을 서로 비교연구함으로써 학술적 검토 기간을 훨씬 단축시킬 수 있었다.

등재 대상 확정작업
서로 이견도 드러나

공동등재를 신청했다가 유네스코로부터 부결되어버리면 두 나라 학자들의 체면이 구겨질 수밖에 없었다. 유네스코가 정한 등재 조건의 합리성을 인정하고 일을 추진한다면 이 조건에 맞춰야 했다. 거기에다 유네스코는 1997년부터는 2년에 한 번씩 등재물을 선정하고 있다는 것이다. 이번에 실패하면 다음 기회는 2년 뒤에나 온다. 인력 소모는 물론 예산 면에서도 어려움을 겪지 않을 수 없게 된다. 이는 일본 측도 마찬가지였다.

이번 조선통신사 기록유산 등재는 한국과 일본의 추진위원회가 공동으로 추진하는 작업이었다. 그만큼 준비 과정에서 상대 측 입장도 신경을 쓰지 않을 수 없었다. 협의 과정에서 서로 이견이 드러나고 두 나라의 자주성과 독립성에 훼손을 주게 된다면 진행이 어렵게 된다. 그뿐 아니라 정서적으로 어느 나라에 기울어져서도, 상대국을 가볍게 여겨서도 될 일이 아니었다.

그래서 학술위원회는 공동 신청의 전례를 구체적으로 조사했다. 합의 과정과 등재물에 대하여서도 관계국이 정서적으로 공유할 수 있는 특징 등도 검토했다. 우리가 서로 상대방의 문화적 가치감정을 건드리지 않고 그런 조건에 맞출 수 있는가를 따져보기 위해서였다.

본격적인 준비에 들어가면서 우선 20여 년 전인 1989년 등재에 성공했던 발트 3국의 '자유를 위한 인간사슬'을 구체적으로 살펴봤다. 그때의 사례는 이미 2012년에 에스토니아 유네스코 위원인 마르깃 심 여사가 남송우 대표의 초청으로 왔을 때 그 실천과 전략에 대해서 시사에 찬 여러 가지를 말한 바가 있어 크게 참고가 되었다.

공동등재 성공 사례는 이 밖에도 그 뒤 4국이 협력해 등재했던 '인디안 도제 노동에 관한 기록'이라든지, 5개국이 서로 협력해서 등재했던 '노예문제 기록', '커피 강제도입에 관한 기록', 그리고 3개국 공동등재 등의 선례가 상당히 많았다.

공동등재에 문제가 없음을 거듭 확인한 우리는 몇 번의 자체 토론회를 거쳤다. 그리고 2014년 8월 8일 학술위원회에서 등재 대상 목록에 대한 논의를 하기로 정하고 이 사실을 일본 측에도 알렸다. 일본에서도 등재 대상 목록을 자체적으로

1차 한일공동학술회의

작성하기 위한 회의를 개최했다는 연락이 왔다. 진행에 속도가 붙었다. 그동안의 결과를 종합하여 8월 25일 일본 시모노세키에서 제1차 한일합동회의를 열기로 합의했다.

이 회의의 대표성과 책임성을 담보하기 위해서 한국 측에서는 남송우 추진위원장을 비롯한 학술위원들, 일본 측에서는 역시 마츠바라 추진위원장과 학술위원들이 참석하기로 했다. 사정이 있을 경우 일부 학술위원 한두 명의 결원이 있어도 회의는 그대로 진행하기로 했다.

회의 내용에 오해나 착오가 없도록 하기 위해서 우리 측에서는 일본어 동시통역사 자격을 갖추고 있는 조선통신사팀원 김현승 씨가 동행했다. 일본 측에서도 역시 쓰시마 부산사무소 부소장 김경일 씨가 통역을 맡았다. 첫 회의 날짜가 가까워지자 회의 진행에 빈틈이 생기지 않도록 하기 위해 박승환 우리 측 사무국장과 아비루 마사오미 일본 측 사무국장도 일정과 회의장소 찾기에 분주한 시간을 보냈다.

그러나 공동회의 개최 날짜가 가까워졌을 때 남송우 추진위원장이 돌연 회의에 참석할 수 없게 되고 말았다. 문화재단 대표이사 발령권자인 부산시장이 바뀌는 바람에 새로운 시장의 신임을 묻기 위하여 당연직 등재 추진위원장인 문화재단 대표가 발령권자인 시장에게 사표를 냈던 것이다. 그런 상황이어서 회의에 불참할 수밖에 없었다. 장제국 동서대학교 총장이 상황의 중요성을 인식, 제1차 한일공동학술회의에 대표로 참석했다. 회의는 차질 없이 진행되었다.

이 회의는 단번에 모든 문제를 해결할 수 있는 성질의 회의는 아니었다. 여기서 학술위원들이 지적한 것은 보완해서 그것을 두고 앞으로도 계속 서로 논의를 하면서 고쳐나가기로 했다.

다음 회의는 9월 16일 후쿠오카에서 열렸다. 시모노세키나 후쿠오카는 부산과도 가까운 거리여서 교통상 모두에게 장점이 많았다. 후쿠오카에서 열린 두 번째 회의도 실무적이었다. 그동인에 발견됐거나 느끼게 된 문제점을 공유하고 해결하기 위한 방법을 논의하는 자리였기 때문이다. 그런 회의였기에 추진위원장의 참석 여부는 큰 문제가 아니었다.

그해 9월 5일에는 언론계 출신 이문섭 씨가 부산문화재단 새 대표로 취임했다. 9월 16일에 개최된 회의는 학술적 회의였지만, 그는 신임 인사차 이 회의에 처음으로 참석했다.

이와 같은 학술회의는 거의 매달 부산과 일본에서 교대로 개최되었다. 등재 대상물의 윤곽이 차츰 드러나자 그것을 한국과 일본의 학술위원들이 서로 공유하면서 하나씩 검토했다. 심포지엄을 열어 공개적인 논의의 자리를 펴기도 했다. 또 등재의 중요성에 대한 시민적 공감을 얻어내기 위해 몇 번씩이나 공개 토론회를 열기도 했다.

이와 같은 조사와 검토, 논의의 결과물로써 2015년 5월 1일 부산에서 개최된 회의에서 드디어 잠정 등재 리스트를 한국과 일본이 서로 교환했다. 리스트 작성을 개략적으로 마련한 것이었다. 추진위 출발 꼬박 1년 만의 일이었다. 그러나 회의는 끝난 것은 아니었다. 잠정 리스트를 작성해서 서로 교환한 뒤 등재 신청물의 수장기관을 돌며 보관 상태, 앞으로의 보관 계획 등을 살펴보고 그 내용을 신청서에 기록해서 첨부해야 하기 때문이었다.

거듭된 회의와 논의 끝에 이 일이 거의 매듭단계에 들었을 때 뒤늦게 새로 등재해야 할 유산이 나타났다. 제대로 알려지지 않았던 기록유산을 보존하고 있던 기관이나 개인이 등재를 요구하고 나섰던 것이다. 그런 대상물들에 대해서도 가치에 대한 검토를 해보지 않을 수 없었다. 그런다고 예정보다 일정이 조금 뒤로 밀리게 되기도 했다.

그런 예 중 하나로, 임진왜란이 끝난 뒤 조선통신사의 길을 트는 데 큰 공을 세운 쓰시마 번주 소 요시토시의 초상화를 등재하자는 일본 측의 추가 요청이 있었다. 이 요청은 일본 측 마츠바라 위원장이 특별히 등재를 고려해달라고 요청한 사안이었다. 가볍게 넘길 수 없다는 생각이 들었다. 그러나 이 문제를 두고 나는 고민하지 않을 수 없었다. 일본 측 입장에서만 보면 당연히 그런 요청은 할만도 했다. 개인적 친분 관계로 봐서라도 나로서는 거절하기가 어려운 처지였다.

그러나 소 요시토시는 임진왜란 때 고니시 유키나가의 선봉장으로 동래성 공격에 나섰던 왜장이다. 등재작업을 시작할 때 상대국의 자존심을 상하게 하는 것은 피하자고 논의했던 일도 있었다. 등재에 동의하면 한국의 자존심이, 거절하면 일본의 자존심이 상할 묘한 상황이 되었다. 나는 한국 측 학술위원회를 열어 소 요시토시 초상화 등재 재고 여부를 논의했다. 마츠바라 추진위원장이 섭섭할 수도 있는 일이지만, 재고를 요청하기 위해서 어쩔 수 없는 수순밟기였다.

예견대로 결론은 일본 측에 '등재요청을 재고해주기를 바린다'였다. 그런 내용을 문서로 보내버릴 수는 없었다. 나는 그것을 들고 마츠바라 추진위원장을 만나기 위해 그의 사무실을 찾았다. 저간의 사정을 설명하고 신청을 재고해달라는 어려운 요청을 했다.

자칫 감정적으로 충돌될 수도 있는 문제였지만 워낙 서로가 진심이 통하는 사이여서 체면을 무릅썼던 것이다. 그는 난처한 표정을 지었다. 일본 측 학술회의를 통해 이 문제를 해결해보겠다면서 결국 한발 물러섬으로써 요청을 거두어들인 셈이 되었다.

2015년 7월 9일에는 추가 등재 신청에 관한 논의까지 매듭을 짓고 드디어 신청서 양식을 논의하기 시작했다. 오사카에서의 일이었다. 신청서 양식은 등재에 성공한 나라의 선례를 참고하면 그렇게 어렵거나 복잡한 것은 아니었다. 그러나 신청서의 정확한 영어 번역은 신경이 쓰이는 일이었다. 오역의 가능성이 있는 표현이 있어서는 안 되기 때문이었다. 먼저 한국어 신청서와 일본어 신청서는 두 나라에서 각각 따로 자국의 언어로 작성한 뒤 그것까지 비교하여 하나로 통일하기로 했다.

서문은 가능하면 일본 측에서 일본어로 작성하기로 했다. 역할 분담을 했던 것이다. 그 다음 부분은 서로 나누어 부분별로 자국어로 작성하여 협의·검토한 뒤 번역을 의뢰하기로 했다. 그런데 쉽게 넘어갈 것으로 생각했던 이 일이 쉽게 넘어갈 수 없게 되고 말았다. 일본에서 자국어로 작성한 서문 가운데 '도요토미 히데요시의 조선 출병에 의해서 일어난 전쟁'이라는 문구가 문제가 된 것이다. 처음 문제를 제기한 것이 나였다.

"단어 하나라도 개념의 명료성이 떨어지면 오해의 소지가 있다. '출병'을 '침략'이라는 단어로 바꿔 달라."

이렇게 문제를 제기하고 신청서 문구 수정을 요구했다. 우리는 전체 회의를 잠시 중단시키고 한국 측 학술위원들의 모임을 따로 가졌다. 이 자리에서 단어 하나에 불과하지만 역사에 남을 기록인데 개념이 명료한 단어로 고치는 것이 바람직하지 않느냐고 학술위원들에게 의견을 물었다. 나의 의견이 편견일 수도 있다는 생각에서였다. 학술위원들은 모두 내 의견에 동의했다.

일본 측에서도 이 문제를 다루기 위해 별도로 논의를 했다. 일본 측 학술위원 가운데는 반대의사도 있을 수 있기 때문에 이를 확인하고 합의를 끌어내기 위해서였다. 일본에서는 '출병'이라는 용어를 통상적으로 써왔으니 문제될 것이 없다는 의견도 있었던 모양이다. 회의가 간단히 끝날 것으로 생각했는데 예상보다 조금 더 길어졌던 것은 그래서였다.

일본에서는 서로 다른 두 단어를 같은 의미로 써왔지만 엄밀하게 따지면 침략이라는 단어가 출병이라는 단어보다 정확한 개념을 담고 있는 단어이니 그렇게 쓰는 것이 타당하지 않겠느냐고 나카오 히로시 일본 측 학술위원장이 위원들의 설득에 나섰다. 그 결과 이 문제까지도 원만하게 해결되었다.

조선통신사에 관한 한 일본 최고의 전문가인 데다 원로인 위원장의 설득에 일본 위원들은 수긍하지 않을 수 없었던 모양이다.

서문과 본문은 두 나라가 모두 원고를 확인한 뒤 이상이 있으면 유선, 무선통신을 통해 수정해 나가기로 했다.

중요한 일을 추진하기 때문에 중간에 이견이 없을 수는 없었다. 그러나 양보와 이해를 통해 이런 고비들은 무사히 다 넘겼다. 이제는 등재 신청서를 영어로 작성하고 검토하는 일만 남았다. 번역 초안은 한국 측이 맡기로 했다. 부산대학교 이재성 교수가 번역한 등재 신청서를 일본의 전문가가 다시 한 번 확인하는 방식을 취하기로 했다. 번역의 과정을 끝내기까지에도 상당한 시간이 걸렸다. 신중에 신중을 거듭했기 때문이다.

11월 7일 우리는 또 오사카에서 만났다. 제8차 한일공동학술위원회였다. 이 자리에서는 그동안 전화로 논의했던 것까지 포함해 영어 번역문에 관한 사항을 구체적으로 논의했다. 신청서에 결격사유가 생기면 이렇게 공들인 노력의 결과가 2년 뒤로 밀려나기 때문이었다. 12월 2일에는 9차 공동학술회의를 부산에서 열었다. 끝손질을 위한 회의였다.

세계적 문화유산 등극 위해
드디어 유네스코에 등재 신청

2016년 2월 하순에 우리는 문화재청을 방문, 조선통신사 세계기록유산 유네스코 등재 목적과 내용, 의미 등을 설명했다. 그러면서 잘 도와달라고 부탁했다. 일본 관계자들도 일본의 문부성과 외무성을 방문, 등재에 협조해줄 것을 부탁했다. 특히 일본의 경우 유네스코 운영지원금을 가장 많이 내고 있는 국가이기에 정부차원의 관심도 크게 끌어내고 싶어 하고 있었다.

우리나라는 '국보'라는 명칭까지도 '국가문화유산'으로 바꿀 것을 검토하면서 세계에 우리 문화 '유산'의 우수성을 내보이려고 하던 차였다. 그렇다면 한일 두 나라가 공동으로 조선통신사 기록유산을 세계적인 기록유산으로 유네스코에 등재하게 된다면, 국내의 문화재산뿐 아니라 두 나라가 공유하는 세계의 문화재산이 되는 셈이다.

조선통신사 기록유산이 이렇게 보호받고 관리될 수 있게 된다면 세계적으로도 여러 가지 의미에서 높은 상징성을 갖게 된다. 특히 복잡한 한일 관계를 뛰어넘어 상호 신뢰와 공존을 뜻한다는 함축적 의미도 있어 그 가치는 더욱 높이 평가될 수 있게 된다. 이런 문제를 두 나라 학자들이 서로 손잡고 이루어 낸다면 얼마나 가치로운 일이 되겠는가.

우리는 등재 신청서를 마지막으로 손질하면서도 처음 기획했던 등재의 의도에서 벗어난 점이 혹시 없는지 한 번 더 검토했다. 이렇게 최후까지 철저를 기했다.

드디어 등재 대상물이 정해졌다. 한국 측에서는 외교기록 2건 32점, 여정의 기록 38건 67점, 문화교류 기록 23건 25점 등 모두 63건에 124점을 신청하기로 했다. 일본 측에서도 외교기록 3건 19점, 여정기록 27건 69점, 문화교류기록 18건 121점 모두 48건 209점을 등재하기로 했다. 이렇게 해서 한국과 일본은 모두 111건에 333점을 함께 등재 신청하기로 최종 확정했다.

한국보다 일본이 등재 건수가 많았던 것은 앞서 말한 바 있다. 사행단이 한양에서 부산으로 움직일 때는 익숙한 곳을 지나기 때문에 남길 기록이 그다지 많지 않았다. 특히 외교의 기록은 국가기록물 외에는 찾아보기 어렵기 때문이기도 했다. 국가기록물 외에도 국가기관이나 후손들이 보관하고 있던 것, 또는 일본으로부터 뒷날 확보한 것들이 있을 수 있겠지만 등재 신청 당시는 발견된 것이 많지 않아 2건만 신청하게 됐던 것이다.

　등재를 위한 마무리 손질을 하면서도 등재가 이루어졌을 때 이 문화유산들이 과연 세계 평화사적 의미를 부각시키는 데 도움이 될 수 있을 것인가, 이로 인해 이문화 상호인식과 동아시아 문화교류의 물꼬를 틀 수는 있을 것인가, 가치 있는 정신문화유산의 소유국으로서 세계 속에서 이 기록물이 지적재산과 관광자원의 확보에 도움이 될 것인가, 한일 간 상호 신뢰와 공존의 기틀 마련에 도움이 될 것인가 등등을 되짚어봤다.

　이와 같은 모든 과정을 거치고 신청서 인쇄와 등재 신청 서류를 유네스코에 접수하는 일만 남게 되었다. 그야말로 최종 절차였다. 이 절차는 우리 측 사무국장과 일본 측의 사무국장이 서로 협력해서 수순을 밟기로 했다.

　인쇄를 끝내면 두 나라 사무국장이 함께 그 신청서를 유네스코에 등기우편으로 접수하기로 했다. 드디어 2016년 3월 30일, 박승환 사무국장과 일본에서 건너온 아비루 마사오미 사무국장이 함께 부산중앙우체국을 찾아 이 신청서를 국제등기우편으로 파리 유네스코 본부에 보냈다. 마지막까지도 이렇게 공동으로 움직였다는 데 의미가 있다.

　이런 절차가 모두 끝나자 만세라도 부르고 싶은 심정이었다. 하지만 아직 해야 할 일이 있었다. 처음 겪는 일이다 보니 심사는 어떻게 하는지, 현지 실사가 있을 시 어떻게 대응해야 할 것인지에 대한 구체적 정보가 없었다. 때문에 다음에는 어떤 일을 해야 하는지에 대해서도 잘 몰랐다. 한국과 일본의 학술위원회는 등재 이후 생길지도 모르는 일에 어떻게 대응해야 할지 선례를 찾아 바빠지기 시작했다. 혹시라도 있을지 모를 결함에 대한 대응책 마련을 위해서였다.

전례를 보니 순풍이 불면 연내에 결판이 날 것도 같았다. 그러나 그것은 혼신을 다해 준비를 해왔던 우리의 희망 사항일 뿐, 홀수 연도에 접수를 했고 짝수 연도에 발표했던 전례가 더러 있었기 때문에 예단할 수는 없었다.

1992년 세계기록유산 등재제도가 창설된 이래 우리나라나 일본이 단독으로 기록유산 등재에 성공한 사례는 있다. 우리나라의 경우 『훈민정음』, 『조선왕조실록』, 해인사 팔만대장경, 『동의보감』, 『난중일기』, KBS 특별생방송 <이산가족을 찾습니다> 기록물(2015년) 등 몇 건이 이에 해당된다. 일본의 경우도 시베리아 억류 일본인 본국 귀환기록, 『미도칸파쿠키(御堂関白記)』(11세기 일본의 권력자 후지와라노 미치나가의 원본 친필 일기) 원본 등 몇 건이 있었다. 그러나 한일 두 나라가 공동으로 등재한 전례는 없었다. 그러다 보니 전례에 없었던 일을 하는 것까지 걱정스러웠다.

그러나 세계적으로는 공동등재가 여러 건 있었기 때문에 실사 과정을 잘 따라가며 대응하면 연내에 등재도 이루어질 것 같았다. 일본도 우리처럼 파리에 있는 유네스코 대표부에 부산하게 연락했다. 우리로서는 그때가 한창 싸이의 <강남스타일>이나 방탄소년단(BTS)이 세계적인 선풍을 일으키고 있던 때라, 파리 시민들의 한국문화에 대한 인지도가 높아지고 있는 흐름까지도 도움이 되어주기를 바라는 심정이었다.

"일본 관계자들과 함께 파리에 한번 가보면 어떻겠습니까? 가서 유네스코 본부도 방문하고, 파리 시민들에게 우리가 추진하고 있는 일의 홍보도 겸해서, 등재 분위기도 끌어올리게 말입니다."

박승환 사무국장이 느닷없이 그런 의견을 내놨다. 예산문제도 있고, 참가자 선정의 문제도 있어 내가 결정할 성질은

등재 신청서 발송까지도 한일 양국의 사무국장이 함께했다.

아닌 것 같았다.

"결정은 추진위원장님이 하시겠지만 등재의 필요성을 처음 제기했던 분이니까, 의견을 여쭤보는 것입니다. 간다면 프로그램은 제가 마련하고 일본 측과도 협의해 보겠습니다."

좋다. 가자. 등재물의 가치도, 인식도도 높이고. 나는 꼭 가면 좋겠다고 말했다.

전쟁터에서의 지휘관처럼 박승환 사무국장은 일을 이렇게 공격적으로 기획하고 처리해 나갔다.

파리 한복판에 펼쳐진 조선통신사 인형 행렬

11월 14일 이른 새벽, 우리는 드디어 파리 샤를 드골 공항에 내렸다. 약간 흐리고 으스스한 전형적인 늦가을 날씨였다. 한국에서는 공동추진위원장 장제국 총장, 한태문 교수, 박승환 사무국장, 김현승 씨, 부산시의 주무관 한 사람과 내가 함께 움직였다. 이 일을 추진했던 남송우 전 대표는 참석하지 않았다. 후임인 이문섭 부산문화재단 대표이사는 개인 사정으로 참석할 수 없었다. 우리 식구는 단출했다. 일본 측에서는 마츠바라 가즈유키 추진위원장, 히다카즈 나오키 쓰시마 시장, 가케히사 아키나리 세도우치 시장, 고나가야 시게유키 시즈오카 부시장 등을 비롯한 지자체장과 단체장, 학술위원, 사무국장 등 여러 명이 날아왔다. 일본에서는 사행단의 기록유산을 등재하는 일에 이처럼 연고지 관계자들까지 여러 사람이 찾아오는 적극성을 보인 것이다. 대거 참석한 일본 대표자들을 보면서 나는 뭔가 부럽다는 생각이 들었다.

한일 두 나라 사무국 관계자들은 파리에 도착하기 전 현지에서 해야 할 일들을 기획하고 그 실행계획서까지 짜두었다. 그것을 바탕으로 도착하기가 바쁘게 계획대로 행사를 진행시켰다. 비행기 안에서 밤을 새웠는데도 긴장 때문인지 지쳐 늘어진 사람은 아무도 없었다. 우리는 먼저 파리 주재 유네스코 한국 대표부와 한국문화원부터 방문했다.

일본 측에서도 도착하기가 바쁘게 우리와 손잡고 행사 준비에 들어갔다. 이미 한국과 일본이 자국의 프랑스문화원에 협조를 의뢰해 동의를 받아둔 대로 오후 3시부터 일본문화원에서 첫 행사의 막을 올렸다. 파리 시민과 관광객 등을 대상으로 한 첫 행사는 '조선통신사의 의미와 가치'에 대한 세미나였다. 프랑스에 살고 있는 한국인이나 일본인에게는 '조선통신사'라는 단어마저도 상당히 생소했다. 그래서였을까. 파리까지 찾아와 한일 공동으로 주최하는 이 행사에 대해 파리에 사는 사람들은 궁금증과 함께 흥미도 많았던 것 같았다.

한일 두 나라가 공동으로 진행하는 그 행사에는 누구나 자유롭게 청강하고 전시도 관람할 수 있도록 했다. 이런 사실은 두 나라 문화원이 이미 일반에게 공지해둔 터였다. 한국문화원이나 일본문화원에서 실시하는 한국어나 일본어 강좌를 듣기 위해 나오는 사람들만 해도 상당했다. 호기심 많은 그들은 대부분 낯선 이국문화 체험의 기회를 놓치려고 하지 않았다.

오후 3시 일본문화원에서 개최된 첫 행사는 마츠바라 가즈유키 추진위원장의 인사말로 시작되었다. 이어 장제국 대표가 바톤터치를 했다. 이렇게 뚜껑을 연 행사는 구라치 가스나오 일본학술위원이 '조선통신사의 한일 간 평화 구축과 문화 교류'에 대해서, 한국 측에서는 내가 '조선통신사 기록유산의 등재 신청 이유'에 대해서, 그리고 등재 선정물에 대한 한태문 교수의 강연 등이 차례로 이어졌다. 관중들은 매우 흥미로운 눈을 한 채 통역자에게 귀를 열어놓고 있었다.

오후 6시에는 한국문화원에서 조선통신사 한지 인형전시회가 열렸다. 1711년과 1719년 행렬에 참가했던 정사를 비롯해 행렬 참가자들의 인형을 만들어 전시한 것이다. 정사 가마와 국서가마, 취타대와 무용수들의 모형 등을 합하면 모두 2,000점이 넘어, 그 가운데 150여 점만 뽑아서 전시했다. 종이로 이렇게 많은 모형을 정교하게 만들었다니, 문미순 씨가 이끄는 한지 공예제작자들 아홉 사람의 섬세한 솜씨에 구경꾼들은 혀를 내둘렀다.

한쪽에서는 조선통신사 행렬 모습과 구경꾼을 위한 무용공연 등 홍보 영상도 흘려보냈다. 조선통신사들의 활동 사진전이 열리는 홀에서는 참가자들을 위한 리셉션도 있었다. 쌀로 만든 한과를 접한 사람들은 한국 전통과자가 아니라 고급 예술품이나 감상하는 듯 신기한 눈을 했다. 관람자들은 우리에게 조선통신사뿐 아니라 한국 사정에 대해서 여러 가지 궁금한 질문을 쏟았다. 한국유학을 계획하거나 여행계획이 있는 사람들이 우리가 모르는 것까지 꼬치꼬치 물어 땀을 빼기도 했다.

이튿날 우리는 유네스코 본부를 공식 방문했다. 이곳을 방문하는 나라의 방문자들은 가끔 등재 부탁을 하기도 한다. 그래서 유네스코 쪽에서는 신청자들의 면담 요청을 그다지 반가워하지는 않았다. 그러나 우리는 등재 절차와 진행 과정을 알고 싶다며 짧은 시간만이라도 면담해서 진행 과정 등을 설명해달라고 요청했다. 면담은 그렇게 해서 이루어졌다.

우리를 만난 유네스코 측은 심사 과정을 자세히 설명해주었다. 의구심이 드는 부분에 대한 질의응답, 신청국의 수장품 관리 상태 현지 답사도 필요에 따라서는 실시될 수 있다는 것까지 설명해줬다. 그런 이유로 일반적으로는 발표 날짜가 정해져 있지 않다고 했다. 자칫하면 결정이 예상 외로 늦어질 수도 있겠다는 생각이 들었다.

그들은 한국과 일본이 공동으로 등재를 신청한 부분은 긍정적이었다는 뜻밖의 말도 했다. 평화적이며 문화지향적 콘셉트는 세계적으로 요구되고 있는 시대정신과 유네스코정신에도 합당한 것 같다는 말도 했다. 심사 과정 중 혹시 보완할 사항이 있으면 연락하겠다며 성실히 대답해 달라는 부탁까

◆ 파리 한국문화원에서 열린 조선통신사 인형전시회와 행사
◆◆ 유네스코 본부 방문

지 했다. 인터뷰가 끝난 뒤 우리는 가져갔던 간단한 방문 기념품을 전달했다. 그리고 두 나라 국회의 조선통신사연맹 소속 의원들의 등재 추천서를 전달하고 나왔다. 방문 전에는 혹시 우리들의 방문에 대해 좋지 않은 느낌이라도 갖게 되면 어쩌나 걱정도 했다. 그러나 결과적으로는 방문을 잘했던 것 같다.

파리 방문 당시 특히 유네스코에 대한 일본의 대응 자세에 감명받았다. 교육, 과학, 문화의 보급을 목적으로 설립된 이런 국제기구에 대한 일본의 적극적 참여는 국제사회 속에서 문화선진국가로서 키 크고 건강한 일본의 모습을 보여주는 데 부족하지 않았다. 우선 일본의 유네스코 대표부 건물부터가 그랬다.

건물이 그 소유주의 위상을 말하는 것은 아니다. 그러나 파리 주재 일본 대표부 5층 건물은 일본정부의 문화 지향성을 이해하기 어렵지 않게 해주었다. 처음 이 건물에 도착했을 때 사무실 공간이 이렇게 넓고 옆으로도 긴 5층 건물까지 필요할까 하는 생각이 들었다. 허세 같다는 느낌도 받았다. 그러나 이 건물은 세계 문화중심지 파리에서 일본문화 수준을 널리 알리는 전진기지로서는 쓰임새가 촘촘했고, 당당했다. 일본이 문화강국임을 다시 한 번 더 느꼈다.

우리는 틈을 내 퐁피두센터, 루브르박물관 등 문화시설 몇 군데를 견학했다. 부산이 국제 문화도시로 발돋움하는 데 아이디어를 얻을 수는 없을까 생각하며 몽마르트르 언덕에도 올랐다. 그러면서 바다를 끼고 있는 부산의 언덕을 세계적인 화가나 예술가들이 모여드는 언덕이 되게 할 수는 없을까, 퐁네프다리를 건너면서는 영화도시 부산에 있는 다리를 프랑스 영화 촬영의 현장처럼 되게 할 수는 없을까, 모두 부산과 연결된 이런 생각들을 하기도 했을 것이다.

 분주하고 정신없었던 파리에서의 3박 4일은 이렇게 끝났다. 이제 우리가 기다리는 일은 유네스코 본부에서 조선통신사 기록유산이 세계기록유산으로 등재되었다는 소식뿐이었다.

단잠을 깨운
심야의 전화벨 소리

파리에서 돌아온 그때부터 우리는 등재 여부를 궁금해했다. '십 년 공부 헛공부'가 될까 걱정되어서였다. 공동추진위원장으로서 중책을 다해준 장제국 총장님께는 그동안 일본 관계에 대한 어려운 부탁을 많이도 했다. 부산에서는 대표적 일본통인 데다 문화지향적 성격이어서 한일 관계에서 그의 협조가 크게 필요했기 때문이었다. 그는 바쁜 업무 속에서도 이 일, 저 일에 협조해준 것은 물론, 조선통신사 관련 행사에도 자주 참석해주었다. 스스로도 조선통신사 기록유산의 등재 가치를 높이 평가하고 있었던 데서 비롯된 관심 같았다.

귀국한 뒤 그해 5월에 있을 문화재단의 조선통신사 행사 준비에 한창 바쁘게 뛰어다니던 박승환 사무국장이 4월 어느 날 나에게 전화를 했다. 그는 부산문화재단에서 조선통신사 담당 팀장이기 때문에 당연히 곧 있을 조선통신사 행사와 관계된 전화인 줄 알았다.

"유네스코 본부에서 연락이 왔습니다."

때가 때인지라 이 말을 듣는 순간 드디어 기다리던 소식이 왔다는 예감이 머리를 스쳤다. 그러나 그 예감은 완전히 빗나가고 말았다. 유네스코 본부에서 보내온 내용은 등재 신청서의 내용 일부를 보완해달라는 요청이었다. 기대했던 마음이 걱정스런 마음으로 급회전했다.

그 보완 요청 내용은 ▲조선통신사 문화교류의 정치적 배경 ▲통신사 외교체재가 유지된 과정과 유지가 필요했던 요인이었다.

고난도의 질문은 아니었다. 그래서 큰 걱정할 것은 없었다. 일본에게도 같은 질문이 있었다는 연락이 왔다. 혹시 등재를 거절하기 위한 명분 쌓기는 아닌가 하는 걱정도 들었다. 우리는 질문에 어떻게 대응해야 할 것인가에 대해 일본과 즉각 협의를 했다.

이 문제 때문에 전화기와 컴퓨터가 바빴다. 회답의 결과는 번역과 감수를 거쳐 각자 유네스코 본부로 보내자는 원칙을 정했다. 이 일은 되도록 빨리 서두르기로 했다. 큰 틀에서 보면 두 나라에서 하나의 대답이 나올 수밖에 없는 질문들이었다.

다만 학기 중간이다 보니 학회 총무인 한태문 교수는 답변을 준비하느라 다른 학술위원들과 연락을 하는 등 눈코 뜰

새 없이 바빴다. 답변 준비 과정에서 두 나라의 별다른 입장 차는 없었다. 서로 다른 견해를 강조하거나 주장할 문제가 없었기 때문이다. 답변서 작성 준비 기간은 오래 걸리지 않았다. 답변서 내용은 두 나라에서 이미 논의됐던 것이 대부분이었다.

이렇게 답변서를 보낸 뒤 유네스코 본부에서 다른 질문은 없었다. 교류의 목표가 선명했고, 교류 내용에 대해서도 두 나라 관민이 일치된 반응을 보였으며, 동아시아 질서 체계에 미친 영향은 이미 앞서 보낸 신청서 내용에서도 상당 부분이 밝혀져 있었기 때문이었다.

2017년 7월 상반기에 발표가 있을 것 같다는 확인 안 된 소문도 돌았다. 그러나 그 소식은 희망사항으로 그쳤다. 등재 여부에 대해서는 일본도 궁금하기는 한국과 마찬가지였다. 서로가 만약 등재 소식을 먼저 알게 되면 연락해달라는 부탁도 오갔다. 일본 언론사에서도 나에게 등재 소식이 있으면 즉시 알려달라는 부탁을 하기도 했다.

그 무렵 일본 후쿠오카 서일본신문의 다케스구 기자가 교환기자로 부산일보사를 근거지로 한일 관계 취재를 하고 있었다. 그는 조선통신사 기록유산이 유네스코 세계기록유산으로 등재될 경우, 이 일이 민간인인 한일 학자들에 의해 결실되었다는 내용의 특집기사를 쓰겠다고 벼르고 있었다. 그 일로 나와도 자주 만났다. 그런 일 저런 일로 그와는 전화도 자주 주고받았다.

　그러나 기대했던 7월이 가고 가을이 오는데도 등재 소식은 감감했다. 파리에 있는 한국과 일본의 대표부도 이 문제에 신경을 쓰긴 했지만 대놓고 발표를 조를 수는 없는 일이었다. 심사는 심사위원들의 식견이나 양심과 관계있는 일이었고 판단은 그들의 전속권이었기 때문이다.

　그래도 우리는 등재를 확신했다. 우리가 신청했던 내용이 유네스코가 설정한 원칙이나 기준에서 전혀 떨어지지 않았기 때문이었다.

　그런 가운데 9월도 휙 지나가고 10월도 끝 무렵에 이르렀다. 올해 안에는 발표하지 않으려나 하는 생각이 들었다. 등재가 결정되면 조선통신사의 세계적 가치를 국내외에 널리 알리려고 부산문화재단에서는 단단히 홍보할 준비도 하고 있었다. 하지만 소식은 없고 10월도 저물어버릴 참이었다. 답답하기는 일본도 마찬가지였으리라.

　그러던 10월 31일 새벽, 한잠이 들었는데 전화벨 소리가 울렸다. 1시가 좀 지나서였다. 서일본신문 다케스구 기자의 목소리였다. 첫마디에 "선생님 축하합니다."라고 했다. 잠이 확 달아났다. 파리에 있는 일본 유네스코 대표부에서 알려진 소식인데 오늘 등록 결정이 났다는 것이다. 그는 유네스코 공식 홈페이지에 확정 소식이 발표됐다는 내용도 전했다.

　나는 마치 그가 결정권자가 되기나 하는 듯 그에게 감사하다는 말을 한참 되풀이했다.

"날이 새는 대로 오전에 찾아뵙겠습니다. 기사는 이미 준비가 거의 끝났으니 선생님 얼굴 사진과 소감만 좀 부탁드리겠습니다."

다케스구 기자와의 통화가 끝나자마자 또 전화벨 소리가 울렸다. 박승환 사무국장이었다. 그도 지금 막 등재 소식을 알았다는 것이었다. 기쁨이 넘치는 목소리였다. 날이 밝는 대로 학술위원들에게 연락하겠다고 했다. 전화를 끊고도 내 머릿속에서는 내내 뭔가가 뱅뱅 돌았다. 그런 뒤에는 눈썹 한 번 붙일 수가 없었다. 장거리 여행의 종점에 이른 기분, 이제 그 긴 여행이 끝났다는 생각이 내 잠을 계속 흔들어댄 탓이었다.

날이 밝자 유종목 문화재단 대표이사도 전화로 기쁜 소식을 전했다. 민속학자인 그는 기록유산 외에도 해신제 등 조선통신사 행사 중에는 문화재로 보존돼야 할 가치 높은 것들이 아직도 많다고 생각하는 사람이었다. 남송우 전 추진위원장에게도 이 소식을 전했다. 등재 추진위원장으로서 이 일을 시작했던 분이기 때문에 그도 얼마나 기뻐하랴 생각하면서.

부산문화재단에서는 오전 일찍 부산시청에서 기자회견을 열었다. 보도자료를 통해 부산에서도 이제 세계기록유산을 갖게 되었다는 것을 알렸다. 일본 역시 추진위원회 사무국이 있는 쓰시마에서 기자회견을 열고 신문, 방송과 통신 등을 통해 이 소식을 일본 국내에 널리 알렸다. 등재물을 수장하고 있는 곳이 뚝뚝 떨어져 있는 탓에, 일본 사무국에서는 등재가 된 지역마다 이 소식을 따로 전했다.

유네스코 세계기록유산 등재라는 목적을 달성했기 때문에 등재 추진위원회와 학술위원회의 역할과 기능은 자연스럽게 일몰을 맞았다. 학술위원장이었던 나 역시 등재가 이루어지기까지 맡았던 그 역할을 자연스럽게 내려놓게 되었다.

2017년 11월 조선통신사 유네스코 세계기록유산 등재를 축하하는 기념행사가 열렸다.

그래도 그동안의 일들에는 감회가 깊었다. 조선통신사에 백면서생인 내가 우연한 기회에 조선통신사와 인연을 맺고, 20년이 넘도록 관심을 이어오게 되었으며 결국 조선통신사들이 남겨놓은 값진 기록물을 세계의 기록유산으로 가치매김하는 데 작은 힘이나마 보탤 수 있었기 때문이다. 이제는 세계적 기록유산으로서 지속적인 보호까지 받게 되었으니, 어찌 감회가 깊지 않겠는가.

활발했던 한일교류행사에 등장한 장애물

1년 뒤인 2018년 10월 31일, 부산에서 등재 1주년 기념행사가 열려 성황을 이뤘다. 등재를 계기로 부산문화재단은 한일문화교류의 업적을 평가받아 한일문화포럼상을 받고, 곁들여 보훈처 표창, 세종문화상 수상 등 경사가 뒤를 이은 터였다. 이 경사, 저 경사를 합쳐 조선통신사 기록물 유네스코 등재 1주년 기념행사를 그럴듯하게 열지 않을 수 없었던 것이다.

참가자들의 표정은 밝았다. 일본의 등재 관계자들은 물론 등재 지역의 시장들과 부시장, 관계 단체장들도 함께 참석하여 더욱 그랬다. 부산에서는 지금까지는 볼 수 없었던 행사였다.

기념행사가 시작되기 전 참가자들에게는 나비넥타이가 하

나씩 주어졌다. 넥타이만 보고는 한국과 일본 사람을 구별할 수 없었다. 17~18세기 조선통신사 한일 문화교류 행사의 정신을 이어받아 두 나라의 우호 증진도 다짐하는 행사장이었기에, 모두 같은 분위기를 연출하도록, 그리고 자유롭게 평화의 하늘을 함께 훨훨 날라는 뜻을 담은 아이디어의 산물이었다. 분위기는 그야말로 화기애애했다.

식이 시작되자 식순에 따라 유종목 대표이사가 환영의 인사말을 했다. 그는 이 자리에서 등재의 의의와 한일 민간인들의 노력으로 이루어낸 성공적인 등재의 의미를 되짚었다. 그리고 이번 등재를 계기로 앞으로의 건전한 한일 관계 유지를

2018년 열린 등재 1주년 기념행사

2018년에는 통신사선을 복원, 진수식을 열기도 했다.

위해 함께 노력하자고 했다. 일본 측 대표인 마츠바라 가즈유키 추진위원장도 축하의 말에 덕담까지 가득 담았다.

일본의 참가자 가운데는 나비넥타이를 목에 매고 무대에 올라 축사 대신 축가를 부르겠다는 시장도 한 분 있었다. 그는 무대 위에서 마이크를 밀어낸 뒤 '오솔레미오'를 유감없이 육성으로 불렀다. 박수가 터져 나왔다. 일본의 세도우치 시장이었다. 이번 행사가 한일 간 민간교류 활성화에 얼마나 크게 기여했는지, 부산이라는 이 도시가 국제교류, 특히 문화교류에 얼마나 큰 기여를 했는지 가늠할 수가 없을 정도가 된 자리였다.

행사가 끝날 무렵, 일본 측 추진위원장 마츠바라 가즈유키 씨가 무대에 올라섰다. 등재 1주년 기념행사에 초청해준 부산문화재단에 감사의 말을 잊지 않았다. 그는 또 등재 2주년이 되는 2019년 기념행사는 일본 측 추진본부가 있었던 쓰시마에서 개최하겠다고 발표했다. 축하 행사를 두 나라가 번갈아 개최하는 것은 또 다른 의미에서 한일 두 나라가 서로 협력하는 매우 바람직한 일이라고 생각했다.

마츠바라 가즈유키 회장은 다음 해 일본에서 개최될 행사에 부산문화재단 측에서도 꼭 참석해줄 것을 부탁했다. 유종목 부산문화재단 대표이사도 등재 2주년 기념행사가 일본에서 열리면 반드시 참석하겠다고 화답했다. 두 나라가 개별적 행사를 하는 것보다 한일 우호 증진이라는 대의명분에서 봐도 교대로 행사를 열고 서로 상대국의 행사에 참가하는 것이 매우 바람직한 일이라고 생각했던 것이다.

"2019년 조선통신사 기록물 유네스코 등재 기념행사는 쓰시마에서!"

이렇게 적힌 무대 뒤의 영상 자막을 보며 모두 손을 잡고 내년 행사 때 다시 만나기를 약속했다. 등재 1주년 기념행사는 이렇게 의미 있는 끝맺음을 했다.

그러나 유종목 대표는 다음 해 쓰시마 행사에 참가하겠다고 자신 있게 했던 약속을 지킬 수 없게 되고 말았다. 그가 자신 있게 참가를 약속했던 것은 참가가 가능하다고 믿었기 때문이었다. 그는 2016년 12월에 부산문화재단 대표이사로 취임했다. 당시 대표이사의 임기는 3년이었다. 때문에 2019년 10월에 열리는 일본 행사도 임기 중이어서 참가할 수 있다고 판단했다. 임기에 이상이 없다고 믿었던 것은 재임 중 좋은 기관평가를 받았고, 거기에다 2018년에는 재단이 정부 부처로부터 각종 표창도 받았던 때문이다. 이렇게 좋은 평가를 받았기 때문에 임기 종료 시점인 2019년 12월까지는 자신의 신분에 이상이 없을 것이라고 믿고 등재 2주년 기념행사에 참가하겠다고 일본 측에 확약을 했던 것이다.

그러나 2018년 7월에 부산시장이 바뀌고 2019년 1월 언론인 출신 한 분이 부산문화재단의 새로운 대표로 임명되면서 유 대표는 자연히 자리에서 물러났고 일본 측에 했던 약속은 그래서 지킬 수 없게 되고 말았다.

이에 더해 2018년 10월 대법원의 일본 강제징용 기업 재산압류 판결사건으로 양국 간 평지풍파가 거셌다. 당시 아베 수상이 국가 간 협정 위반이라며 유감을 표시했다. 고노 다로 일본 외무상도 일본 기업에 불이익이 없도록 하겠다고 언명했다. 이에 대해 한국 측의 반발도 만만찮았다. 한일 관계가 크게 악화하고 말았다.

2019년 여름철로 접어들면서는 부산시도 해외교류행사는 가능하면 자제하도록 권유하기로 결정했다는 보도도 있었다. 8월에 있었던 일이다.

나는 오거돈 부산시장에게 전화를 했다. 정부 간 관계가 좋지 않더라도 십수 년간 교류가 계속됐고, 유네스코 등재까지 이뤄낸 시기에 민간인 교류까지 막아 교류의 숨통까지 끊어서는 안 된다고 했다. 그러면서 여름에 있을 일본 행사에는 참가할 수 있도록 하는 것이 좋겠다는 의견을 말했다. 그랬던 때문인지는 모르지만 그해 여름의 일본 행사는 우여곡절 끝에 참가할 수 있었다.

이런 가운데서도 일본에서는 2019년 10월 30일 조선통신사 기록유산 등재 2주년 기념행사를 준비하기 시작했다. 물론 부산문화재단에도 참석을 요청했다. 그러나 공기관인 부산문화재단으로서는 공적인 참가가 쉽지 않은 상황이었다. 물론 재단의 대표도 공기관장으로서 참가가 어렵다는 뜻을 밝히기도 했다.

등재 추진 관계자들만의
축하 행사 참가를 끝으로

유네스코 등재 2주년 기념행사일이 가까워졌다. 나는 이 행사에 어떻게 대처할 것인지에 대해 남송우 전 등재 추진위원장과 논의했다. 지난해 부산문화재단 유종목 대표는 등재 2주년 기념행사에 꼭 참가하겠다고 했지만, 그의 참가가 어렵게 되고 만 이상 등재 추진에 깊이 관여했던 우리로서는 어떻게 대처해야 할지 논의해보아야 했던 것이다.

우리의 입장은 재단의 입장과는 사정이 좀 달랐다. 등재를 발의했고 추진의 첫발을 내딛게 했던 당사자들로서 등재의 중요성을 다시금 확인하고 축하하는 그 자리에 우리까지 참석하지 않기는 좀 난처했다. 행동에 거리낌 없는 민간인 신분이었기에 더욱 그랬다.

논의의 결론은 쉽게 나왔다. 약속 당사자나 문화재단 대표가 아닌 우리로서는 공식적인 대표의 성격을 띠고 행사에 참석하기는 어렵다는 것이었다. 그러나 신의성실의 중요성을 가볍게 보지 않는다는 의미에서 전 추진위원장과 학술위원장 개인의 자격으로라도 이 행사에 참석하자는 데 뜻을 모았다.

내친김에 방문의 성과를 의미 있게 해보자는 데에도 뜻을 함께했다. 축하 행사 이후 현장에서 우리와 일본의 등재 관계자들 공동 명의로 두 나라의 문화교류와 우호 증진에 힘을 모으기로 한다는 '쓰시마 선언'도 하기로 했다. 선언문 원고는 내가 작성하고 그 내용을 남 교수와 함께 검토해서 확정하기로 했다. 작성된 선언문은 쓰시마 부산사무소의 협조를 받아 일본어로 번역, 쓰시마 관계자들과도 협의를 끝냈다.

일본 측에서는 자기들끼리만이라도 행사를 치를 계획이었다. 그런데 우리가 참석하겠다는 뜻을 전하자 크게 반가워했다. 선언문 조인과 낭독은 기념식에 이어서 현장에서 곧바로 실시하도록 준비하겠다고 했다. 우리라도 행사에 참석하게 돼 작년에 했던 약속을 완전히 깨뜨리지는 않게 된 셈이다. 아쉽기는 해도 그나마 다행한 일이라고 생각했다.

그해 10월 30일 오후, 우리는 행사장이 있는 쓰시마 이즈하라항에 도착했다. '축 조선통신사 기록유산 유네스코 등재'라는 현수막이 높은 건물 벽에 붙어서 거리를 오가는 사람들의 눈길을 끌었다. 행사는 오후 5시에 시내 문화회관에서 열렸다.

이날 행사장에서는 낯익은 조선통신사 연고지 관계자들이 전국에서 여러 사람이 참석해 그들과 자리를 함께했다. 그러나 공동등재 당사자이자 2주년 기념행사 참가를 약속했던 한국 측이 불참해버린 분위기여서인지 공식적인 행사는 복잡하지도, 요란하지도 않았다. 기념사에 이어 등재의 의의, 앞으로의 보존과 활용문제 등을 전문가들이 간략하게 해설했다. 일본 측 추진위원장은 우리 두 사람의 참석과 쓰시마 선언에 대한 내용을 참가자들에게 소개하고 이번 행사의 깊은 뜻을 강조했다.

기념행사 이후 그 자리에서 한일 우호 증진을 다짐하는 '쓰시마 선언' 낭독 행사가 계속되었다. 행사는 선언문에 서명할 대표자 소개, 쓰시마 시장의 환영사, 대표자 네 사람의 서명, 선언문 낭독, 꽃다발 증정 순으로 이어졌다. 서명이 끝난 뒤 선언문은 행사 사회를 담당했던 방송국 아나운서가 읽어 나갔다.

"우리는 자유롭고 평화로운 국가에서 살기를 원한다. 국가 간 자유롭게 왕래하며 많은 사람들과 다정하게 살기를 바란다…."

선언문을 이렇게 읽어 나가는데 장내에서 박수 소리가 들려왔다. 박수가 두어 번 터져 나온 뒤 선언문 낭독은 끝났다. 이후 기념 촬영으로 행사는 모두 끝났다. 참석인사들이 모인 만찬회장에서도 쓰시마 선언에 대한 이야기가 자자했다.

이 행사에 참가했던 우리는 이튿날 부산으로 돌아오는 배를 타는 것으로써 일정을 모두 끝냈다. 홀가분한 기분이었다. 배 안에서 보게 된 일본 신문들은 등재 기념행사와 함께 '쓰시마 선언' 행사 내용도 크게 보도했다. 일본 국민들도 계속 엇나가는 한일 관계가 정상화되기를 바라고 있음을 기사로 확인할 수 있었다.

오랫동안 이어진 나와 조선통신사 행사의 공적인 관계는 이렇게 완전히 매듭이 지어졌다. 돌이켜보면 주마등 같은 세월이었다. 처음엔 멋도 모르고 덤벼들었던 조선통신사 행렬 재현 행사가 더욱 폭넓은 문화활동으로 전개됐고, 마침내는 조선통신사 사행원들이 남겨 놓은 각종 기록유산을 일본의 학자들과 함께 노력하여 유네스코 세계기록유산으로 등재하기까지 이르렀다. 이 모두는 조선통신사 문화사업회, 부산문화재단, 그리고 조선통신사학회 여러분의 성원과 노력이 있어 가능했다.

끝으로, 조선통신사 기록유산이 세계의 유산으로 유네스코에 등재된 것을 예사스럽게 생각하는 사람들도 있을 것이라는 걱정이 든다. 그런 사람이 있다면 '절대 그렇지 않다'고 말하고 싶다. 비록 세계 유일은 아닐지라도 역사적으로, 문화적으로 부산은 말할 것도 없고, 우리나라가 세계에 자랑할 수 있는 정신적으로 가치 있는 기록유산을 하나 더 확보하게 되었다는 것이 얼마나 긍지 높은 일인가.

조선통신사 유네스코 세계기록유산 공동등재의 지평은 몽골의 초원보다 푸르고 훨씬 넓다. 이 귀중한 정신적 자산을 부릅 뜬 매의 눈으로 지켜야 한다. 우리 역사문화의 살아있는 교과서로 활용할 가치는 차고 넘치지 않는가. 세계에 자랑할 수 있는 넉넉한 기록유산을 우리도 가지고 있다는 것을 우리 후손들이 알아야 하고 자랑스럽게 배워야 할 것이다.

그러기 위해 부산문화재단은 전국의 국가기관이나 공사립 박물관, 대학에서 보관하고 있는 등재물을 모두 교육자료로 확보할 필요가 있다. 그렇다고 수장고를 옮길 수는 없는 일이다. 그러니 초고도의 현대기술을 활용하여 실물 자료를 원본과 하나의 차이도 없는 복제품으로 만들어 이를 연구와 교육의 자료로 활용했으면 한다.

이 일은 부산문화재단이 독자적으로 해결할 수 있는 일은 아니다. 자료를 확보해서 복사하고 보존하는 일, 교육과 연구의 자료로 제공하는 일, 이런 일들을 수행하기 위한 공간을 확보하는 것은 부산문화재단이 할 수 있는 범위 밖의 일이다. 예산과 인력 확보는 자체적으로 해결할 수 있는 일이 아니기 때문이다.

부산문화재단이 일본과 공동으로 일궈낸 이 일은 부산시

의 위상을 위해서라도 부산시가 이뤄내는 것이 바람직하다. 아니면 그 비중과 가치를 고려해서 국가사업으로서 교육부, 외교부, 문화체육관광부 등과 협력해서라도 반드시 이뤄내야 할 사업이다.

 이런 일의 실천이 등재사업의 가치를 완성하는 길이 아닌가 한다.

한일 우호 증진을 다짐하는 '쓰시마 선언' 내용을
일본 언론매체들은 눈을 크게 뜨고 살펴봤다.

4부 조선통신사 세계유산으로 인정받다

부산에서 부활한
조선통신사

ⓒ 강남주, 부산문화재단 2022

1판 1쇄   2022년 9월 26일

지은이   강남주
펴낸이   박수정 | **펴낸곳**   미디어줌
등록   2011년 11월 18일 제 338-251002009000003호
주소   부산광역시 수영구 수영로 440 (남천동)
전화   051-623-1906 | **팩스**   051-623-1907
이메일   mediazoom@naver.com
홈페이지   www.mediazoom.co.kr

제작지원   (재)부산문화재단
기획 및 진행   문화유산팀 김효정
번역   문화유산팀장 김현승

ISBN   978-89-94489-64-3 (03900)

이 책의 판권은 저자와 부산문화재단에 있습니다.
이 책 내용의 전부 또는 일부를 재사용하려면 반드시 양측의 서면 동의를 받아야 합니다.
책값은 뒤표지에 있습니다.
파본이나 잘못 만들어진 책은 구입하신 곳에서 교환해 드립니다.